GWELD LLAIS
A
CHLYWED LLUN

"Dangos i mi lun llais"
2 Esdras 5:37

gan

JOHN OWEN

ISBN: 978-1-903314-83-8

Mae'r cyhoeddwyr yn cydnabod cefnogaeth ariannol
Cyngor Llyfrau Cymru

Cyhoeddwyd gan Wasg Pantycelyn
ar ran
Bwrdd y Darlith Davies
Argraffwyd gan Wasg y Bwthyn, Caernarfon

CYNNWYS

LLUNIAU

CYDNABOD LLUNIAU

DIOLCH I

deuluoedd R. G. Berry, Saunders Lewis, John Gwilym Jones, Huw Lloyd Edwards a Gwenlyn Parry am eu caniatâd i ddefnyddio lluniau ohonynt;

Aled Jones Williams am ei lun;

Meic Povey am ei lun (ffotograffydd: Brian Tarr, Caerdydd);

Dr. John Crook am lun o gorff Eglwys Gadeiriol Caer-wynt;

Yr Amgueddfa Brydeinig am luniau o Shakespeare a Soffocles;

ac i John Ellis Jones am ei adluniadau o Theatr Dionusos fel yr oedd yn y cyfnod Rhufeinig yn ôl Gouvoussis a'r Ddrama Gylch yn seiliedig ar adluniad Stephen Joseph yn *The Story of the Playhouse in England* (Gweler Llwyfannau Cymru).

CYFLWYNEDIG

i

Bethan, Rhys a Vijay
Gwern, Betsan a Cêt

am lenwi'r llwyfan

ac i

Gwenda
am ei rannu

DIOLCHIADAU

Mae fy nyled a fy niolch yn fawr i

- Parchedig Ddr. John Tudno Williams a Phwyllgor y Ddarlith Davies am eu hymddiriedaeth, eu cefnogaeth a'u harweiniad ar hyd y daith o'r ddarlith wreiddiol i'r gyfrol derfynol.

- Mr. Alwyn Pleming a'r Parch. Meirion Lloyd Davies am eu hawgrymiadau hynod werthfawr a thra adeiladol.

- Mrs. June Jones a Gwasg Pantycelyn a Chyngor Llyfrau Cymru am fugeilio'r gyfrol ar ei thaith er mwyn sicrhau y graen arferol.

- Y Prifardd Gerallt Lloyd Owen am deitl ysbrydoledig i'r gyfrol.

- ddau hynaws, y diweddar Mr. Tecwyn Jones, cynhyrchydd dramâu ac athro yn Ysgol Gyfun Llangefni a'r diweddar Mr. John Gwilym Jones, darlithydd a chyfarwyddwr y ddrama yng Ngholeg y Gogledd, Bangor am roi hyder i mi ar lwyfan a dyfnhau fy niddordeb yn y theatr.

- y ddwy Gymdeithas Ddrama llawn talent y bûm ynglŷn â hwy, Llanberis a Rhuthun, a roddodd y cyfle i mi ddilyn fy niddordeb ym myd y ddrama.

- fy rhieni am fy rhoi ar lwybr y Ffydd ac am fynd â mi i weld dramâu.

- y diweddar Mr. Albert Kyffin Morris, fy athro Ysgrythur athrylithgar a bonheddig yn Ysgol Gyfun Llangefni a'r ddiweddar annwyl Mrs. Rhiannon Williams (Lewis gynt) o

Langefni, trefnydd Mudiad Cristnogol y Myfyrwyr yn y Gogledd, am eu cefnogaeth pan oedd eglwys fy magwraeth yn Nhŷ Mawr, Ynys Môn yn ddi-weinidog yn ystod cyfnod allweddol yn fy hanes.

– I'r ddwy ofalaeth, Llanberis a Rhuthun, am eu partneriaeth fywiol a chalonogol yn y Ffydd yn wyneb cyfnod cymleth a heriol.

RHAGAIR

Anrhydedd annisgwyl yn wir oedd derbyn gwahoddiad i draddodi'r Ddarlith Davies yn 2004, ond anrhydedd a roddodd gyfle i mi hel fy meddyliau at ei gilydd ym myd y theatr. Gwyddwn fod y cyfrifoldeb yn un mawr, o gofio am y rhai hynny sydd wedi traethu o fy mlaen ac wrth feddwl am y rhai na chafodd y cyfle oherwydd amgylchiadau. Fodd bynnag, roeddwn i'n falch o'r cyfle i rannu sylwadau ynghylch maes sydd wedi bod o ddiddordeb i mi ar sawl lefel: gweld a darllen dramâu, actio a chyfarwyddo ac, wrth gwrs, ystyried eu cynnwys ar gyfer pregeth a thrafodaeth.

Cefais wahoddiad i ymhelaethu ar y ddarlith, a dyna yw cynnwys y gyfrol hon. Rhannu brwdfrydedd a geisiaf, gan obeithio y byddaf wrth wneud hynny yn rhannu peth goleuni ac yn dangos fod y ddrama yn ddimensiwn gwerthfawr ac arwyddocaol o safbwynt bywyd a ffydd (neu ddiffyg ffydd). Mae'r maes yn rhy fawr ac yn rhy eang i astudiaeth fanwl, ond carwn feddwl fod y gyfrol hon yn rhyw fath o fap bras ar gyfer ymchwil bellach a dyfnach i bwy bynnag a ddewiso hynny. Nid amhriodol yw nodi y daw'r gyfrol hon i olau dydd ym mlwyddyn cofio daucanmlwyddiant marwolaeth Twm o'r Nant yn 1810 a'r flwyddyn y mae trigolion Oberammergau yn cyflwyno hanes Iesu.

Cafodd hedyn y gwaith hwn ei hau pan ofynnwyd i mi, rai blynyddoedd yn ôl, gyflwyno darlith yn Lerpwl mewn cyfres yn dwyn y thema "Cymorth i Bregethwr" ar wahoddiad y Parchedig

Ddr D. Ben Rees. Mae'r theatr yn llwyfan i gwestiynau dyfnaf y ddynoliaeth ac weithiau i lais y proffwyd.

Addas yn y fan hyn yw ychwanegu sylw cyn-aelod o'r IRA a fu yng ngharchar oherwydd ei ran yng ngweithgareddau'r fyddin honno ond a oedd bellach yn astudio drama. Pan ofynnwyd iddo gan y dramodydd Seisnig Howard Brenton pam y dewisodd ddrama fel cyfrwng, ei ateb oedd, "Mae drama yn ddiniwed." Cytunai'r dramodydd fod drama yn heddychol a democrataidd. A chytunaf finnau, er mae'n rhaid cofio bod perfformio drama wedi creu helyntion a chynddeiriogi llawer o dro i dro am wahanol resymau.

Gyda pheth petruster yr wyf yn cyflwyno'r gyfrol hon, a hynny am ddau reswm. Yn gyntaf, wrth i mi baratoi'r gwaith hwn datganodd yr Arglwydd Dafydd Elis Thomas mai'r celfyddydau gweledol bellach sydd yn rhoi mynegiant cofiadwy i'r profiadau dynol y dyddiau hyn, ac nid y celfyddydau blinedig megis llên a drama. Eto, cefais hwb i barhau gyda'r gwaith wrth ddarllen am waith gweledol Gareth Owen, *Cysgod y Capel*. Tystia ef mai'r hyn y mae'n ei glywed, sef pregeth (ie, pregeth) a barddoniaeth, sy'n ei ysbrydoli i greu yn hytrach na phethau gweledol! Yn ail, cnewyllyn y gyfrol hon yw'r Ddarlith Davies a gyflwynais yn y Gymanfa Gyffredinol yn 2004 a ninnau bryd hynny'n cofio Diwygiad '04 ac '05. Hwn oedd y Diwygiad am gyfnod byr pan fu, "trai ym mhoblogrwydd eisteddfodau a chwmnïau drama"[1] gan beri i mi amau'r priodoldeb o ddewis y fath bwnc â hwn ym mhrif lys fy enwad! Fodd bynnag, nid oedd nodyn o'r fath ond adlais o'r hyn a ddigwyddodd droeon yn hanes y ddrama. Ar y pryd, wrth gwrs, roedd y ddrama lwyfan yn dal yn gymharol newydd yng Nghymru. Caed awgrym arall nad oedd drama i'w hystyried o ddifri.

Nid oedd y Tadau Eglwysig yn y canrifoedd cynnar yn ffafriol iawn i ddramâu. Meddai Chrystostom am y theatr: "... eisteddle haint, gymnasiwm anniweirdeb, ac ysgol anlladrwydd. Satan yw ei hawdur a'i phensaer."[2] Aeth pethau mor ddrwg nes y caed Cyngor Eglwysig yn Arles (312 OC), ger theatr enwog Orange, yn datgan yn ddiflewyn-ar-dafod fod aelod eglwysig a oedd yn actor yn "addoli gau dduwiau" ac felly i'w esgymuno. Fel cyn-actor ac awdur yng Ngharthag, beth amser yn ddiweddarach, dadleuai Awstin Sant (354–430 OC) nad oedd pob drama i'w chondemnio a bod gwahaniaeth rhwng seren a seren yn y ffurfafen theatrig.[3] Erbyn yr unfed a'r ail ganrif ar bymtheg nid oedd y Piwritaniaid yn Lloegr yn ffafriol i'r theatr, a hynny lawn cymaint am gynnwys amrwd y dramâu ag am y bywyd llac a gysylltid â hi. Un a wisgodd fantell y Tadau Eglwysig yn y cyfnod hwn oedd William Prynne (1600–69) y torrwyd ei ddwy glust, oherwydd ei wrthwynebiad i'r theatr ar sail mai o'r Diafol yr oedd. Pan ddaeth Cromwell yn Arglwydd Amddiffynnydd, rhoed gwaharddiad llwyr ar y theatr, ond iddi ddychwelyd wedyn gyda'r Adferiad. Yn y ddeunawfed ganrif daeth yr anterliwt i fri, ac yng Nghymru, er gwaethaf Methodistiaeth Twm o'r Nant, bu John Elias ac eraill yn gyfrwng i'w gwahardd ar seiliau ysgrythurol yn unol â Chyffes Ffydd 1823 a waharddai "chwareuyddiaethau" ymysg pethau eraill a ystyrid yr un mor annheilwng i Fethodist Calfinaidd. Yn wythdegau cynnar yr un ganrif, pan oedd sgwennu drama lwyfan a'i pherfformio yn beth newydd sbon, ceir hanes ap Glaslyn a chriw o gyffelyb fryd o Arfon yn cymryd y ddrama o ddifri trwy ymweld â'r theatr yn Lerpwl, ond gan ddychwelyd adref i gael eu disgyblu neu eu diarddel fel aelodau eglwysig.

Ond nid yw'r tensiwn rhwng y theatr a ffydd wedi llwyr ddiflannu fel y dangoswyd gan ymateb rhai Cristnogion ceidwadol i ddrama Aled Jones Williams, *Iesu!*, yn 2008. Yn *Golwg*, 31 Gorffennaf, barn Meirion R. Thomas am y ddrama oedd: "anghywir, anonest, anghyfrifol, anfoesol ac annigonol", gan synnu at Ficer "yn camddehongli'n fwriadol yn arwain at gabledd, twyll a chyfeiliorni di-esgus." Gwahanol iawn oedd barn trwch y cynulleidfaoedd a'i gwelodd. Roedd y stori'n eithaf triw i'r gwreiddiol, beth bynnag am y dehongliad ohoni. A fu cymaint o seiadu ynghylch unrhyw ddrama cyn y perfformiad ac wedi'r perfformiad?

Ond y mae ochr arall i'r tensiwn hwn, sef agwedd y gelfyddyd at grefydd. A minnau'n cwblhau y sylwadau hyn, gwelais fod cyfres newydd o wyth cyfrol yn Saesneg yn trafod perthynas y theatr â gwahanol feysydd (gwleidyddiaeth, moeseg, globaleiddio, iawnderau dynol ac ati), ond dim sôn am grefydd! Eto, er gwaethaf hynny, tystia'r tensiwn oesol, os ysbeidiol, hwn i'r berthynas ffrwythlon sydd wedi bod ac yn bod rhwng crefydd a chelfyddyd y theatr.

JOHN OWEN

BETH YW DRAMA?

Perthyn y ddrama i fyd celfyddyd. Yn ein papurau a'n cylchgronau ceir adrannau sy'n hysbysebu'r Celfyddydau a Diddanwch (*Arts and Entertainment*). Gwahaniaethir rhwng y ddrama a diddanwch pur, gan awgrymu bod mwy i ddrama na diddanwch. Cred Tom Stoppard fod y ddrama yn gyfrwng i ddweud rhywbeth sylweddol am fywyd, ond er mwyn ennill clust a llygad ei gynulleidfa mae'n gofalu fod ei ddramâu yn diddanu yn gyntaf. Y mae drama yn grefft arbennig, ond y mae'n fwy na hynny hyd yn oed ym marn llawer.

Bellach, y mae'r ddrama a ddatblygodd fel celfyddyd dros y canrifoedd yn perthyn i'r holl fyd ac i bob rhan o fywyd, gan beri i rai ddadlau erbyn hyn bod celfyddyd, gan gynnwys y ddrama, wedi cymryd lle crefydd. Y celfyddydau yw ffynhonnell a chyfrwng yr ysbrydol a'r bywiol bellach i lawer. Oherwydd, yng ngeiriau'r Esgob Richard Harries, i fwy a mwy, "mae crefydd gyfundrefnol yn rhy rwydd a Duw wedi ei roi mewn parsel."[4] Henry Moore, y cerflunydd, a ddywedodd unwaith: "Pe bawn yn newynog fuaswn i ddim yn creu celfyddyd. Daw celfyddyd pan fo gan ddyn amser i ystyried beth yw pwrpas bywyd."[5] Yn yr ystyr yna, mae pob celfyddyd yn grefyddol ac am hynny i'w chymryd o ddifri.

Ond beth am gelfyddyd y ddrama yn benodol, y cyfrwng mwyaf cymdeithasol o blith y celfyddydau? I bwrpas hyn o lith, wrth ddrama ni olygir opera, y ddrama gerdd, pasiant na'r pantomeim, addasiadau o nofelau na'r ddrama ddogfen. Ni thrafodir y ddrama deledu gan mai ffilm ydyw, na'r ddrama radio hithau, gan mai apelio at y glust yn unig a wna honno. Y ddrama "gyfreithlon", fel y dywedir, fydd ein consárn ni.

Beth, felly, yw'r gelfyddyd hon sydd weithiau'n grefyddol, weithiau'n foesol ac weithiau'n ysbrydol, ond dro arall yn ddifyrrwch pur, ac weithiau yn gyfuniad o'r holl elfennau hyn? Fel diffiniad, ni ellir rhagori ar eiriau agoriadol Gerallt Lloyd Owen i'w awdl fuddugol yn Eisteddfod Genedlaethol Bro Dwyfor yn 1975, 'Afon':

> Pan feddwn dalent plentyn
> I weld llais a chlywed llun.

Arweinir ni yn y llinell gyntaf i fyd dychymyg creadigol y plentyn gyda'i ddiniweidrwydd chwilfrydig, y dychymyg hwnnw sydd wrth hanfod unrhyw gelfyddyd. Yn yr ail linell deuwn at ddiffiniad dilys o ddrama a berfformir yn fyw ar lwyfan mewn theatr: "gweld llais" a "chlywed llun". Daw'r ddwy linell ynghyd yn yr ymadrodd "chwarae drama". Er bod geiriau'r angel yn Ail Lyfr Esdras, o'u dehongli'n llythrennol, "Dangos imi lun llais" yn herio Esra i weld yr anweledig – yr amhosibl – o'u dehongli'n drosiadol, gellir dweud bod y ddrama'n ateb yr her sydd yn y geiriau hyn, "gweld llais a chlywed llun", iaith yr ymgnawdoliad. Ymddengys fod drama a chrefydd yr ymgnawdoliad yn siarad yr un iaith.

Ceisiodd Max Harris yn ei gyfrol *Theatre and Incarnation*[6] ddadlau dros y cyswllt annatod rhwng crefydd a'r theatr drwy haeru bod oedfa yn berfformiad, y grefydd Gristnogol yn theatrig, a'r ymgnawdoliad yn rhan o'r theatr ddwyfol. Cryfder ei fodel, yn ôl un adolygydd yn yr *Expository Times*, yw iddo roi llun a llais i'r cysyniad o ymgnawdoliad, yr act o wneuthur y Gair yn gnawd, ond nid yw ei ddadl wedi llwyddo i'w argyhoeddi fod bywyd, marwolaeth ac atgyfodiad Iesu Grist yn act theatrig. Cred, fodd bynnag, fod gwerth yn y gymhariaeth.[7]

Dywed C. W. E. Bigsby, wrth drafod pwrpas theatr, "Nid cyfryngau twyll yw colur a golau. Cyfryngau ydynt er mwyn gwneuthur yn weledig yr hyn sydd fel arall yn guddiedig."[8] Yn ôl ei farn ef, cyfrwng ydyw "i weld yr anweledig". Nid rhyfedd i Tyrone Guthrie ddatgan fod y profiad o fod mewn theatr yn debyg i'r profiad o fod mewn defod grefyddol eglwysig: "Mae'r offeiriad yn y Cymun Sanctaidd yn ailgyflwyno torri'r bara a thywallt y gwin trwy weithredoedd sy'n ddynwaredol a symbol-aidd yng nghyswllt geiriau defodol. Ar y foment hon actor ydyw yn cymryd rhan Crist mewn drama dra dwys."[9] Ceir pwyslais ar gyfuno llun a llais. Ond fel ym myd crefydd, felly hefyd ym myd y theatr hithau, cyfyd y cwestiwn: pa un sydd bwysicaf – y llun ynteu'r llais?

Ar gychwyn dramâu cynharaf Shakespeare gwahoddir y gynulleidfa nid yn gymaint i weld ond i glywed drama:

Prologue: If you with patient *ears* attend. (*Romeo and Juliet*)

Ond yn ei ddramâu diweddaraf daw'r llun yn fwy amlwg, ac mae'r gair Cymraeg "golygfa" yn tanlinellu hynny:

Gower: What now ensues, to the judgement of your *eye*
I give, my cause who best can justify. (*Pericles*)

Adleisio datblygiad y ddrama glasurol Roegaidd a wna Shakespeare gan i'r Dadeni Dysg fod yn gyfrwng i ailddarganfod yr hen fyd clasurol. Yn ôl Aristotlys, wrth olrhain dechreuadau'r ddrama Roegaidd, y gair llafar a ddaeth yn gyntaf gyda chorws yn adrodd stori Dionusos. Yn ddiweddarach y daeth Thespis, yr actor, i roi llun i'r lleisiau. Pan sefydlwyd lle swyddogol i berfformio dramâu nid oes ryfedd mai "theatr" (Groeg: theatron) a roed yn enw arno, gan ei fod yn lle bellach nid yn unig i weld llais, ond hefyd i glywed llun.

Ni ellir anwybyddu ychwaith y pwyslais ar y 'gair' yng nghyfnod Shakespeare a ddaeth yn sgil y Diwygiad Protestan-naidd gyda'i ddiwylliant Beibl-ganolog, yn arbennig yr haen Biwritanaidd gyda'u gwisgoedd du a gwyn a oedd yn rhoi lle eilradd i lun ac yn hepgor lliw. Y ddarllenfa a'r pulpud oedd yn ganolog yn y traddodiad hwn. Ac ni ellir anwybyddu'r pwyslais ar lun a lliw yn y traddodiad sagrafennol Pabyddol, lle y rhoddir lle amlwg i lun y ddefod a lliw gwisgoedd yr offeiriadon. Yr allor sydd yn ganolog yma. Yn y cyfaddawd Anglicanaidd ceir cyfuniad cytbwys o'r gair llafar o'r pulpud a'r ddarllenfa ar y naill law, ac yna'r llun defodol wrth yr allor ar y llall. Daliwyd gafael ar y lliw a'r llun, er i'r Gair fod yn ganolog. Adlewyrchu'r amrywiaeth pwyslais hwn y mae byd y ddrama. Cyfuno'r ddau a wnaeth Shakespeare er mai seciwlar oedd ei ddramâu.

Shakespeare

Beth bynnag yw'r pwyslais, mae'r cyfuniad o "weld llais" a "chlywed llun" wrth hanfod unrhyw ddrama. Peidiwn ag anghofio fod y llwyfan ei hun, yn ogystal â gwneud defnydd pwrpasol o olau, gwyll a thywyllwch, yn cryfhau'r llun ac yn ychwanegu at awyrgylch y gair. Yr elfen nad yw mor amlwg yn y diffiniad hwn, ar yr wyneb, yw'r elfen gorfforol, symudol, mae hon yn elfen dra egnïol erbyn hyn yn theatr ein dyddiau ni. Ond cawn honno yn y gair "drama" ei hun, sydd yn golygu "digwyddiad" neu "weithred". Rhoi llais a llun i ddigwyddiad a wna drama. Felly, nid sôn am lun llonydd a wneir ond am lun byw. Mae'r actau a berthyn i ddrama, yr is-ddigwyddiadau sydd yn rhan o'i datblygiad, yn tanlinellu hynny. Nid yw'r pwyslais ar symud, wrth gwrs, yn cau allan y llun llonydd ar lwyfan ar adegau pan fydd actor neu grŵp o actorion yn rhewi am eiliad er mwyn effaith.

Gwelir, felly, nad yw sgript y dramodydd ond esgyrn sychion ar bapur. Eto, nid yw ymdrechion yr actorion a'r cyfarwyddwr i roi llais i lun a llun i lais yn gyflawn heb ymateb cynulleidfa, mwy nag yw gweinyddu'r Sacrament o Swper yr Arglwydd yn gyflawn heb gynulleidfa o addolwyr a'i hymateb hithau.

Creu ymateb yn y gynulleidfa yw diben y gelfyddyd hon, ond y mae'r ymateb hwnnw yn rhywbeth sydd gyfled â hanes a chyfled â bywyd ei hun. Edrychwn, felly, ar hanes y ddrama o'r crud hyd y foment hon. Darlun bras a gyflwynir yma gan fod y maes mor ofnadwy o fawr ac mor ofnadwy o eang, ac ar adegau mor ofnadwy o ddwfn. Y llinyn arian fydd yn dal y sylwadau hyn wrth ei gilydd, yw'r modd y mae'r ddrama wedi adleisio cred (neu ddiffyg cred) yn Nuw wrth i'r ddynoliaeth mewn amrywiol ffyrdd ymgodymu efo ystyr bodolaeth a chwestiynau mawr bywyd.

DYLANWAD DRAMA

Gwelir dylanwad y gelfyddyd hon yn ymestyn i bob cyfeiriad gan gyffwrdd ar sawl agwedd ar ein bywyd. Y mae'n werth cyfeirio at yr agweddau hynny er mwyn dangos gwythïen mor gyfoethog yw crefft y theatr.

Bydd rhai yn holi pam na roddir sylw yn y gyfrol hon i Riding Lights Company, y cwmni teithiol Cristnogol gyda'i bwyslais cymunedol cryf a sefydlwyd yn 1977 yng Nghaerefrog. Teithiodd y cwmni dros y blynyddoedd i bob rhan o'r Deyrnas Unedig ac Iwerddon, a hyd yn oed dramor. Ei amcan amlwg o'r dechrau oedd ailddatgan gwerth y theatr fel cyfrwng cyfathrebu'r Ffydd Gristnogol a chyflawni hynny mewn ffordd wreiddiol ac artistig. Mynd yn ôl i'r Oesoedd Canol at ethos y Ddrama Gylch a'r Ddrama Foes a wnaed, ond erbyn hyn mae gweledigaeth y cwmni wedi ehangu ac esblygu, er mai efengylu yw'r cymhelliad creiddiol o hyd. Cyflwynir rhai o glasuron y llwyfan yn ogystal â dramâu dogfennol eu naws yn ymwneud â chaethwasiaeth a phynciau cyffelyb. Os cyflwyno'r ffydd fel ateb i gwestiwn sylfaenol bywyd yw ei gonsárn mawr, consárn y gyfrol hon yw'r cwestiynau y mae'r gymdeithas yn ymboeni â nhw fel y mae'r dramodydd yn eu cyflwyno, cwestiynau a ystyrir yn gwestiynau crefyddol yn y bôn. Nid yw'r ddrama yn annhebyg i ddameg neu alegori, ac ar adegau mae'n dra phroffwydol.

Nid yn unig y mae'r ddrama'n gyfrwng efengylu; gwelir bod i dechneg drama a phrofiad theatr wedd ymarferol iawn o

safbwynt bugeiliol. Dyna wythïen gyfoethog arall y gallwn fod
wedi cloddio ynddi. Un wedd yw gallu'r ddrama i iacháu –
gweinidogaeth iacháu. Yn y gyfrol *Healing Theatre: How Plays
Change Lives*[10] mae un a ddioddefodd o sgitsoffrenia, Robert
Grongaer, offeiriad Anglicanaidd a chaplan mewn ysbyty
seiciatrig, yn dadlau bod y ddrama yn therapiwtig i'r un sy'n
cymryd rhan a'r theatr yn therapiwtig i'r un sy'n edrych ac yn
gwrando. Er nad yw'r awdur yn cyfeirio at hynny, mae drama ers
blynyddoedd yn therapi yn y gwaith, mewn addysg, yn y
carchardai, ac mewn gwrthdaro o bob math. Y mae'r ddrama yn
ffordd o weithio allan ein hiachawdwriaeth. Ei argyhoeddiad yw
bod therapi drama a theatr yn rhyw fath o gatharsis, a bod
celfyddyd yn gallu bod yn achubol. Ond, meddai, dibynna hynny
ar ein parodrwydd i fod yn artistiaid. A dyna ni'n ôl gyda
dehongliad Aristotlys o'r ddrama Roegaidd!

Gwelir hefyd bod un agwedd ar y ddrama yn gallu bod yn
addas ar gyfer y foeseg Gristnogol. Wrth ystyried y foeseg honno
yn ei gyfrol *Improvisation: The Drama of Christian Ethics*, gwêl
Samuel Wells y pwyslais ar y byrfyfyr (*improvisation*) ym myd y
ddrama yn gymorth mawr.[11] Nid yn gymaint y pwyslais ar
ddysgu sgript barod, ond yn hytrach ar ymateb byrfyfyr i'r
sefyllfa ar y pryd – *situational ethics* mewn geiriau eraill. Mae
gennym y Stori Fawr, a'r sialens yw dehongli gwahanol
sefyllfaoedd mewn byd sy'n newid yn barhaus yng ngoleuni'r
stori honno.

Gwelir bod y theatr yn gallu dylanwadu ar ddiwinyddiaeth
hefyd. Gwelai'r diwinydd T. J. Gorringe y theatr fel dameg i
gyfleu'r ddiwinyddiaeth Gristnogol yn ein dyddiau ni, yn
arbennig ddiwinyddiaeth Rhagluniaeth. Cyflwynodd y ddiwin-
yddiaeth hon i ni yn ei gyfrol *God's Theatre: A Theology of
Providence*.[12] Ei garn yw'r darlun o'r theatr fyw yn ôl
gweledigaeth Peter Brooke yn ei gyfrol *The Empty Space*.[13] Yn ei
farn ef mae dau fath o theatr: theatr farw a theatr fyw; mae
theatr farw yn ganlyniad cyfarwyddwr wedi mapio'r ddrama
ymlaen llaw ac yn gweiddi ei gyfarwyddiadau o'r galeri, y theatr

Uchel-Galfinaidd, neu ynteu yn ganlyniad cyfarwyddwr yn gadael y ddrama ar drugaredd yr actorion heb ymyrryd o gwbl, y theatr Ddeistaidd. Ond mae'r theatr fyw yn ganlyniad osgoi'r agwedd Galfinaidd a Deistaidd. Cynnyrch cydweithio yw'r theatr fyw pan fo'r cyfarwyddwr yn meistroli'r ddrama yn drylwyr heb orfodi ei weledigaeth ar yr actorion ond yn hytrach yn symud ymysg ei actorion heb fynd i'r galeri na hyd yn oed gilio'n llwyr. Arddull yw hon sy'n cofleidio hunanddarganfod a chyfarwyddyd, heb fod yr actorion yn sylweddoli eu bod yn cael cyfarwyddyd. Fel y cyfarwyddwr yn y theatr, mae Duw yn ein mysg ni wedi rhoi rhyddid i ni, ond eto y mae ei gyfarwyddyd ar gael. Nid yw Duw yn gorfodi ei ddehongliad ef o fywyd arnom ni. Nid yw'n gweiddi ei gyfarwyddiadau o'r galeri, nac yn ein gadael ar drugaredd drama bywyd; mae o ymysg ei actorion. Dyma ddiwinyddiaeth Proses. Ond, yn ôl J. V. Taylor yn ei gyfrol *The Christ-like God*,[14] mae gwendid yn y ddelwedd hon; nid yw Duw fel cyfarwyddwr drama, yn ôl yr hyn a gred ef, yn gwneud cyfiawnder â'i arallrwydd absoliwt.

Dengys David Brown yn ei gyfrol *God and Mystery in Words – Experience through Metaphor and Drama*[15] sut y mae barddoniaeth a drama yn gallu arwain pobl at y posibilrwydd o brofiadau crefyddol gan ddadlau y gallan nhw fod yn sylfaen ar gyfer meithrin agweddau llai prennaidd at yr addoliad Cristnogol. Y mae'r pwyslais, meddai, ar hyn o bryd ar gadarnhau'r ffydd yn hytrach nag ar hyrwyddo'r agwedd ddychmygus ac ymchwilgar. Nid yw'r eglwys yn cymryd syniadau byd y ddrama na chymdeithaseg defodaeth o ddifri. Ei ddadl yw fod crefydd wedi rhoi bodolaeth i ddrama a barddoniaeth, onid yw felly yn hen bryd i grefydd ailddarganfod ei photensial creadigol?

O safbwynt Hanes yr Achub, un o brif themâu llyfrau'r Beibl, ceisiodd Hans Urs von Balthasar, y diwinydd pabyddol, gyflwyno'r Stori Fawr yn nhermau Datguddiad Duw a Drama Hanes ar lwyfan ein byd mewn pum cyfrol yn dwyn y teitl *Theo-drama*: 1. Prolegomena; 2 a 3. Dramatis Personae;

4. Gweithredu; 5. Yr Act Olaf: Y Ddrama Drindodaidd.[16] Drama Duw yw bywyd a'r ddaearen hon yw ei lwyfan. Ond byddai Don Cupitt (Artist-ddiwinydd y mudiad Sea of Faith) yn cytuno bod bywyd yn theatrig, er bod ei ddehongliad ef yn hollol wahanol i un Balthasar; theatr ddynol yw hi yn ôl Gregory Spearrmitt (*Religious Studies*, Vol. 31, CUP Sept. 1995): "Cupitt believes in participating in the ambiguities and vulnerabilities of life. For him, life is theatrical; our culture creates roles for us which we must play and creatively interpret. We should commit ourselves to our parts and 'put on a good show, producing our own lives as performance art'."[17] Gwelir dylanwad yr ysgol hon o feddwl ar ddramâu Aled Jones-Williams.

O safbwynt y crediniwr, mae'r ddrama yn rhan o ddrama fwy. Theatr i ogoniant Duw yw'r ddaearen hon, yn ôl Calfin. Ond o ble daeth y gelfyddyd?

GWREIDDIAU YN Y GWYLL

Ond ymhle, pa bryd, a pha fodd y dechreuodd yr hyn a elwir bellach yn ddrama? Annelwig ac ansicr iawn yw'r atebion i'r cwestiynau hyn. Mae cryn ddyfalu ynghylch y dechreuadau gan eu bod yn mynd yn ôl i niwl y gorffennol cyntefig. Fodd bynnag, ni ellir osgoi'r elfen ddynwaredol sydd yn natur dyn ei hun sydd, yn ei thro, yn arwain at y defodol wrth ymateb i fywyd a'i ddirgelwch, yr hyn sy'n wybyddus a'r hyn nad yw. Ym myd hela ac amaeth y mae tystiolaeth gref i ddefodaeth. Roedd yn naturiol i ddyn ailadrodd ei ymdrechion llwyddiannus wrth hela ac amaethu a hepgor ei ymdrechion aflwyddiannus. Am hynny dadleuir bod y dechreuadau yn ymwneud nid yn unig â'r anwybod, sef dirgelwch bywyd, ond hefyd â'r hyn sydd yn wybyddus. Yn wir nid oedd y dyn cyntefig yn gwahaniaethu rhwng y ddeubeth. Wrth fynych ailadrodd a pherffeithio'r ddefod, fodd bynnag, gwelir dewiniaeth yn elfen bwysig yn y ddefodaeth hon er mwyn sicrhau ffrwythlonder y ddaear a pharhad cylch y tymhorau. Perffeithiwyd y ddefod â miwsig ac â dawns. Yn wir, roedd y ddawns yn ffurf gyntefig ar weddi. Mae dawns y Fedwen Fai yn fersiwn o'r weddi am ffrwythlonder y ddaear sydd wedi goroesi'r canrifoedd maith. Felly, nid yw'n hollol gywir dweud bod y ddrama'n tarddu'n gyfan gwbl o'r crefyddol. Mae lle cryf i gredu, yn ôl S. R. Littlewood yn ei *Dramatic Criticism*,[18] fod y ddrama yn tarddu o awydd dyn i oroesi yn gymaint â'i ymwybod o ddirgelwch bywyd.

Haerir mai yn yr Aifft yn y flwyddyn 3000 CC y daw'r ddrama allan o niwl annelwig ei gorffennol gyntaf oll. Mae tystiolaeth hanesyddol ddiamwys o hynny yn Abydos lle perfformid y ddrama fawr oesol 'Dioddefaint Osiris'. Roedd y duwiau Osiris ac Isis yn ŵr a gwraig yn ogystal ag yn frawd a chwaer. Hwy oedd rhieni Horus. Roedd Set (Duw'r tywyllwch) wedi lladd Osiris ac roedd ei fab, Horus, am ddial arno ac adfer bywyd ei dad. Roedd corff Osiris wedi'i rannu yn bedwar darn ar ddeg, a'r darnau ar wasgar hyd y wlad. Pan ddeuai'r dyrfa ar draws un o'r darnau, ceid ymladdfa fawr. Wedi cael y darnau ynghyd, eid i mewn i'r deml gyda'r dyrfa yn curo'u bronnau ac yn gwneud synau galarus. Yna, deuai'r ddrama i ben ymhen tridiau gydag adferiad Osiris. Cofnodwyd hyn mewn arysgrif gan offeiriad a oedd yn gyfarwyddwr y perfformiad yn ogystal ag yn actor a gymerai ddwy ran allweddol yn y ddrama. Ceir tystiolaeth 2,500 o flynyddoedd yn ddiweddarach bod Herodotus wedi gweld perfformiad o'r union ddrama. A oes yr un ddrama arall wedi cael rhediad cyhyd? Dywedir yn ôl y beirniaid mai rhin apêl y ddrama i genhedlaeth ar ôl cenhedlaeth oedd dynoliaeth Osiris. Ond, yn waelodol i'r cyfan, roedd adferiad bywyd a'i gyfanrwydd.

Tua'r un adeg caed datblygiad cyffelyb yn India, ond nid yng nghyswllt dogma'r offeiriad y tro hwn ond yng nghyswllt awen y bardd. Daeth barddoniaeth epig a drama ynghyd. Hwn oedd cyfnod y Rig Veda, emynau'r Hindŵ, lawer ohonynt yn ddeialog-au rhwng y duwiau a'u gwragedd megis y ddeialog rhwng Indra (Duw'r Daran) ac Indrani; rhwng Yama (Duw'r Meirw) a Yami ac ati. Nodweddid y rhain gan ddynoliaeth eang (yr oedd hyn cyn sefydlu system y cast), didwylledd angerddol ac uniongyrchol gyda diléit ym myd natur. Fel yng ngwlad Groeg yn ddiwedd-arach, lleferid y rhain gan Adroddwr cyn ychwanegu un llais arall ato. Daeth y ddrama i mewn i fywyd India er gwaethaf gwrthwynebiad yr offeiriadon. Ymddengys fod y ddrama wedi datblygu i fod yn fynegiant mwy poblogaidd ar grefydd yr Hindŵ gan ddod yn arwydd o'i goddefgarwch cynhenid.

Yn Tseina mae'r traddodiad dramatig yn mynd yn ôl i 1000 CC

ac yn seiliedig ar ryw fath o ymarferion crefyddol dioffeiriadaeth. Yn ôl pob tystiolaeth rhyw draddodiad digon statig ydoedd hwnnw am na chafwyd cefnogaeth swyddogol iddo. O Tseina, fe dybir, y daeth y ddrama i Japan. Cysylltir dramâu'r Noh (dramâu'r cyflawni) yn y wlad honno â theml y Bwda. Roedd eu gwreiddiau mewn dawns a chân i dduw neu rith ysbrydol. Ânt yn ôl bron iawn i ddyddiau dyfod Bwdaeth i Japan yn y chweched ganrif OC.

Ond beth am y traddodiad Hebreig?

GWREIDDIAU HEBREIG

Cyn belled ag y mae'r traddodiad Hebreig/Cristnogol yn y cwestiwn, gwelir gwreiddiau'r ddrama yn yr Hen Destament. Fel yn hanes y gwareiddiadau eraill, y mae'r cyfuniad o ddeialog, cân a dawns yn gyfrwng grymus i fynegi ymateb dynol i realiti bywyd. Yn y cyfeiriad at Gân Miriam yn Llyfr Exodus, ceir adlais o'r traddodiad Groegaidd o gân ac atebgan. Cawn Miriam gyda'i thympan yn ei llaw yn canu am waredigaeth Israel, gyda'r gwragedd eraill yn gorws yn ei hateb gyda chân a dawns. Haerir bod Cân Moses yn yr un traddodiad (Exod. 15:1–18, 20–21).

Wrth droi at Lyfr y Salmau deuwn wyneb yn wyneb â deialog, defod a dawns. Yma cawn yr antiffonau gyda lleisiau'r offeiriaid a lleisiau'r gynulleidfa yn ffurfio deialog. Enghraifft dda o hyn yw Salm 15:

Y Gynulleidfa: Arglwydd, pwy a gaiff aros yn dy babell?
Pwy a gaiff fyw yn dy fynydd sanctaidd?

Yr Offeiriaid: Yr un sy'n byw'n gywir, yn gwneud
cyfiawnder, ac yn dweud gwir yn ei galon

a Salm 24:

Y Gynulleidfa: Pwy a esgyn i fynydd yr Arglwydd?
a phwy a saif yn ei le sanctaidd?

Yr Offeiriaid: Y glân ei ddwylo a'r pur o galon,
yr un sydd heb roi ei feddwl ar dwyll
a heb dyngu'n gelwyddog.

Roedd y deialogau hyn yn rhan o'r seremoni o gael mynediad i mewn i'r deml. Roedd yr addolwyr, ac o bosibl arch y cyfamod, yn gorymdeithio at borth y deml. Wedi cyrraedd, gofynnant eu cwestiynau gyda'r offeiriaid oddi mewn yn eu hateb. Yna gwaedda'r orymdaith eu hymateb am i'r pyrth gael eu hagor er mwyn i Frenin Gogoniant gael dod i mewn i eistedd ar ei orsedd yn ei dŷ ei hun. Onid oedd yr arch yn arwydd o bresenoldeb Duw ymysg ei bobl? Cawn yr offeiriaid yn gofyn: "Pwy yw'r brenin gogoniant hwn?" Etyb yr orymdaith: "Yr Arglwydd ...". Yna, fe agorid y pyrth. Yna, yn Salm 150, cawn adlais o Gân Miriam yn Llyfr Exodus: "Molwch yr Arglwydd â thympan a dawns."

Yn Llyfr Job deuwn at ddefnydd o'r ddeialog mewn gwaith dychmygol yn seiliedig ar ffaith sy'n ymdebygu i gyflwyniad barddonol dramatig. Yn wir, deialog yw sail y llyfr: deialog rhwng Duw a Satan, rhwng Job a Duw, rhwng Job a'i wraig, rhwng Job a'i ffrindiau honedig. Cwestiwn dioddefaint yw consárn y stori, cwestiwn sydd yn adlais o gerddi cyffelyb yn yr Aifft a Babilon. Gwewyr Job ynghylch ei ddioddefaint yw sylwedd y ddrama. Mae'r llyfr hefyd ar batrwm a welir yn ddiweddarach yn nhraddodiad y ddrama: prolog, tair act (y tri chylch o areithiau ei ffrindiau) ac epilog. Ond yn fwy na hynny mae syniadaeth Llyfr Job yn gynsail i bob drama sydd yn ymwneud â thensiwn rhwng cred a phrofiad.

Ond yn ôl rhai arbenigwyr deuwn at ffurf ddramatig gynnar benodol yng Nghaniad Solomon, er nad yw G. H. Jones yn ei *Arweiniad i'r Hen Destament* yn derbyn y safbwynt hwn.[19] Mae haneswyr y ddrama Hebreig, fodd bynnag, yn nodi'r gân fel un edefyn yn y traddodiad. Casgliad o ganeuon wedi eu cydio wrth ei gilydd yn gelfydd yw 'Cân y Caniadau'. Carwriaeth dra nwydus yw ei phwnc, a'r ddau gariad yw'r Sulames a Solomon. A phriodas yw'r uchafbwynt. Ceir corws, sef merched Jerwsalem,

sy'n ein cynrychioli chi a minnau yn y ddrama-gerdd yn union fel
y corws yn y traddodiad Groegaidd:

Y Sulames: Cusana fi â chusanau dy wefusau.

Solomon: O ti, y decaf o ferched.

Corws: O ti, y decaf o ferched,
ple'r aeth dy gariad?
Pa ffordd yr aeth dy gariad,
inni chwilio amdano gyda thi?

(Caniad Solomon 1:2a, 8a; 6:1)

Y gred gyffredinol yw bod 'Cân y Caniadau' yn perthyn i'r
drydedd ganrif cyn Crist. Roedd yr awdur yn gyfoeswr â'r
Groegwr Theocritus, a'i gân yn efelychiad o ddeialogau ei
fugeilgerddi ef.

Edefyn pwysig arall yn y cefndir Hebreig/Cristnogol yw'r
traddodiad proffwydol. Nid yn unig y byddai'r proffwyd yn
cyhoeddi ei neges ar lafar ond, weithiau, mi fyddai'n cyflawni act
symbolaidd ddramatig er mwyn gyrru'r neges adref. Un o'r
enghreifftiau cynharaf yw act y proffwyd Aheia o Seilo a
gyfarfu â Jeroboam fab Nebat a oedd yn teithio o Jerwsalem
(1 Brenhinoedd 11:29–36). Gwisgai Aheia wisg newydd sbon, ond
rhwygodd hi yn ddeuddeg darn, gan roi deg darn i Jeroboam.
Ystyr hynny oedd bod deg llwyth y gogledd yn mynd o afael teulu
Solomon i ddwylo Jeroboam, oherwydd teyrngarwch Solomon i
dduwiau eraill. Byddai'r gweddill yn aros yn nwylo'r teulu. Mae
Eseciel yn enghraifft lachar o gyflawni actau symbolaidd tra
dramatig, megis bwyta'r memrwn (Eseciel 3:1–3). Roedd y gair i
fod yn fewnol yn ogystal ag yn allanol. Gorweddodd am ddwy
flynedd ochr yn ochr â model o Jerwsalem (Eseciel 4:1–8).
Meimio'r gwae oedd ar ddod gyda choncwest Babilon yr oedd gan
ei uniaethu ei hun â dioddefaint ei bobl. Cofiwn am Jeremeia
ynghanol y gwae yn prynu maes yn Anathoth ac yn claddu'r
gweithredoedd fel arwydd y daw, rhyw ddydd, haul ar fryn eto yn
hanes y genedl (Jeremeia 32).

Ond beth am y Testament Newydd? Ceir cyfeiriad penodol at y theatr ddwywaith yn Llyfr yr Actau (19:29–31) a'r theatr y cyfeirir ati yw'r Theatr Fawr yn Effesus oedd yn dal 25,000 o bobl ac sydd i'w gweld o hyd heddiw. Mae'r cyfeiriad cyntaf at gyddeithwyr Paul yn cael eu llusgo iddi, a chyfeiria'r ail at rybudd o berygl gan yr Asiarchiaid yr oedd Paul yn gyfeillgar â hwy i beidio â mynd i'r theatr fel y dymunai. Ond yn bwysicach na hynny mae tystiolaeth fod Paul yn gyfarwydd â dramodwyr yr hen fyd gan iddo ddyfynnu Menander (342–292 CC), dramodydd o Athen, wrth gyfarch Cristnogion Corinth: "Y mae cwmni drwg yn llygru cymeriad da" (1 Corinthiaid 15:33).

Gellir dadlau bod elfennau dramatig yn rhai o ddamhegion Iesu. Mae deunydd 'Y Samariad Trugarog' a 'Y Tad Cariadus' yn ddramatig dros ben, ond y mae'r ddameg 'Y Gŵr Goludog a Lasarus' yn ddramatig ei ffurf yn ogystal â'i chynnwys, gan ei bod yn ddameg nad yw'n annhebyg i ddrama un act mewn dwy olygfa. Disgrifir mewn dwy olygfa ddau gymeriad mewn dwy sefyllfa wahanol, cynt a chwedyn: ar Dir y Byw ac yn Nhrigfan y Meirw. Meim diddeialog a geir yn yr olygfa gyntaf o ddyn iach ynghanol ei ddigon a'r llall yn afiach ynghanol ei angen. Yn yr ail mae'r anghenus yn llawen, a'r goludog mewn gwewyr ac yn llafar. Ac mae Abraham yn ymateb yn ddiamwys i wewyr ei gri (Luc 16:19–31).

Cawn adlais o'r hen broffwydi dramatig yng ngweithred Iesu yn ysgrifennu yn y llwch. Yr achlysur oedd dwyn gwraig wedi ei dal mewn godineb at Iesu gan y Phariseaid, er mwyn ei rwydo (Ioan 8: 2–11). Mae sawl dehongliad o'r weithred, ond y mae un peth yn sicr, nid yw'r ysgrifen yn y llwch yn derfynol. Buan y daw'r gwynt a'r glaw a hyd yn oed wadnau traed dyn ac anifail i'w chwalu.

Gellir dadlau hefyd fod nodweddion y grefft o adrodd dameg sydd mor nodweddiadol o'r Iddew ac o Iesu ei hun yn berthnasol i adrodd stori ar ffurf drama y bwriadwyd hi i gyflwyno rhyw wirionedd neu'i gilydd. Onid oedd Iesu weithiau'n gorliwio ac yn gor-ddweud er mwyn ennill clust ei wrandawyr, fel y gwna'r ddrama fodern yn aml iawn? Yn rhy aml, yn ôl rhai. Mae dameg 'Y Gŵr Goludog a Lasarus' yn enghraifft effeithiol o hynny – un yn eithafol gyfoethog a'r llall yn eithafol anghenus. Yn wyneb y fath bwyslais ar yr elfennau dramatig hyn, llun a llais, nid yw'n syndod fod rhai o ddramodwyr amlycaf y byd o dras Iddewig: Miller, Stoppard, Wesker a llawer iawn mwy.

Ond rhaid mynd i wlad Groeg i weld geni'r ddrama lwyfan.

GROEG YN GRUD

Fel y nodwyd eisoes, gwelir dylanwad y ddrama Roegaidd ar lenyddiaeth yr Iddew. Yng ngwlad Groeg yn y bumed a'r bedwaredd ganrif cyn Crist y caed y theatr gyntaf fel cartref i'r ddrama. Daw'r gair theatr o'r gair Groeg *theatron* (lle i weld). Ond y mae gwreiddiau'r ddrama yng Ngroeg yn hŷn na hynny gan eu bod yn mynd yn ôl at addoli Dionusos (duw ffrwythlonder a chyfeddach) ar y llawr dyrnu neu yn y cafn gwin, a'r ddefodaeth oedd ynghlwm wrth hynny: aberth, dawns, miwsig ffliwt ac emyn. Y fangre hon oedd yr orchestra wreiddiol – y llawr i ddawnsio arno. Yn ôl Aristotlys yn ei *Barddoneg*, dechreuodd y ddrama gyda'r *dithyramb* (mesur deuddrws/ dwyfalf), cân gorawl i Dionusos. Byrdwn y ddefod oedd adrodd stori Dionusos i fiwsig. Credir bod rhyw 50 aelod yn y côr. Yn y man caed llinellau ar gyfer y gynulleidfa hefyd. Yna, gwahanwyd arweinydd y côr oddi wrth y côr a rhannu'r stori rhyngddynt. Cyfeiria Aristotlys at y cerddor Arion fel yr un a ddyfeisiodd iaith fwy syber, iaith trasiedi *tropos*, ar gyfer y ddrama trwy ddefnyddio trosiad, a chyffelybiaethau ac ati. Credir mai dylanwad yr addoli mwy syber i Apollo oedd yn gyfrifol am y wedd hon i'r ddrama. Ymhen amser, ychwanegwyd actor at y cyflwyniad. Credir mai Thespis, er nad yw Aristotlys yn sôn amdano, oedd yr actor cyntaf. Ei enw ef a roes inni'r term "thesbiad" am un sydd yn ymhél â'r theatr. Roedd yr actor yn chwarae sawl cymeriad yn y stori gan wisgo masg gwahanol ar gyfer pob rhan. Gwisgo'r masg yw tarddiad y

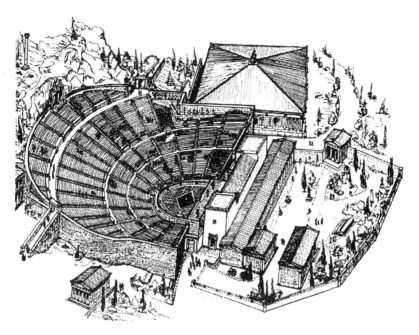

Theatr Dionusos

gair "rhag-rith" (Gr. *hupocrite*) – un sydd yn cymryd arno i fod yn rhywun arall. Y gair Groeg am y masg ei hun (neu wyneb) yw *prosopon*, gair a ddefnyddiwyd yn ddadleuol yn athrawiaeth y Drindod – y tri wyneb: y Tad, y Mab a'r Ysbryd Glân. Y mae *prosopon* yn cyfateb i *persona* (Lladin). A dyna achos y dryswch – cymysgu "wyneb" am "berson". Gwisgai'r rhagrithiwr/actor esgidiau uchel er mwyn ei ddyrchafu uwchlaw pawb arall a rhoi profiad dyrchafol i'r gynulleidfa.

Dichon mai daearyddiaeth fryniog gwlad Groeg oedd y theatr gyntaf: llechwedd a llawr dyrnu neu gafn gwin; yna datblygwyd theatr o waith coed a ddisodlwyd yn ddiweddarach gan theatr o garreg. Mae'r gynharaf ohonynt, theatr Dionusos, i'w gweld heddiw wrth odre'r Acropolis yn Athen. Ar y llwyfan hwn y gwelid y trasedïau Groegaidd arloesol o eiddo Aeschylos, Soffocles ac Ewripides. Roedd dramâu'r ddau gyntaf yn ymwneud â'r Groegwr oedd yn ceisio byw ei fywyd mewn byd a reolid gan y duwiau a lle roedd Tynged anorthrech yn ei arwain yn ddi-feth at drychineb a galar. Meddai'r Negesydd yn nrama Soffocles, *Antigone*: "Ffawd sy'n dyrchafu, ffawd sy'n gostwng hefyd."[20]

Roedd i bob duw ei nodwedd unigryw ei hun a haeddai pob duw sylw ac addoliad arbennig. Pe anwybyddid ewyllys y duwiau a'u digio, yna rhaid byddai wynebu'r canlyniadau. Yn fwy na dim, trychineb oedd canlyniad bod yn falch ac yn drahaus (*hubris*) wrth osod eich hun uwchlaw pawb arall ac yn gyfuwch â duw ei hun.

Aristotlys yw arloeswr dehongli'r ddrama Roegaidd. Noda ei bod yn cynnwys digwyddiadau sydd yn creu tosturi ac ofn yng nghalonnau'r edrychwyr, a thrwy hynny yn cyflawni *catharsis*, rhyw garthu'r teimladau. Nodweddid y dramâu hyn â chymeriadau nad oeddynt yn arbennig o rinweddol a chyf-iawn yn cael eu dal gan amgylchiadau anffodus, nid oherwydd rhyw ddrygioni neu bechod gwyrdroëdig, ond oherwydd *hamartia*, gwneud y penderfyniad anghywir. Er, rhaid dweud bod cryn ddadlau ynghylch y dehong-liad hwn. Yr hyn sy'n deillio o hynny yw'r *anagnorisis*, moment o sylweddoli, y foment honno yn y ddrama pan mae'r gwirionedd yn cael ei ddatgelu o'r diwedd, un ai o flaen neu ar ôl y *katastasis*, y digwyddiad mawr dramatig yn y ddrama.

Soffocles

34

Gan fod y dramâu hyn yn ymwneud â byd y duwiau a byd dynion, ceid dau lwyfan: y *theologeion* lle llefarai'r duwiau, a'r *logeion* lle llefarai dynion. Craidd y ddrama Roegaidd oedd y gwrthdaro rhwng gair y duwiau a gair dynion, a rhwng deddf duw oedd yn anysgrifenedig a deddf dyn oedd yn ysgrifenedig. Yn y byd crediniol hwn, portreadu dyn fel y dylai fod a wnaeth Aeschylos, y dramodydd cyntaf o'r tri chawr, ond portreadu dyn fel y mae a wnaeth Soffocles. Mae Ewripides yn ymwrthod â'r duwiau yn llwyr, a cheir llawer mwy o gynhesrwydd a thynerwch dynol yn ei ddramâu ef. Eto, er nad yw'r duwiau yn ei ddramâu, daw'r elfen faddeugar, fel *deus ex machina*, yn niwedd ei ddramâu â llygedyn o obaith wedi'r holl dreialon. Ymadrodd Lladin yw *deus ex machina*. Pan oedd dynion ar eu llwyfan hwy yn gwneud llanast o'u bywyd, uwchben ceid y duwiau ar eu llwyfan symudol hwythau yn ymddangos gan lefaru a gwaredu dyn o'i alanastra. Bellach y mae'r ymadrodd yn derm diwinyddol i ddynodi'r gred yn y Duw sydd yn tynnu dyn o ganol ei alanastra, y Duw sy'n ymyrryd.

Yn ei ddrama *Antigone* mae Soffocles yn cyfleu'r gwrthdaro rhwng deddf duw a deddf dyn yng nghyswllt teulu Antigone. Roedd ei brawd wedi gwrthryfela yn erbyn ei frawd ei hun, ond lladdwyd ef. Y cwestiwn mawr wedyn oedd: a oedd hi'n iawn claddu bradwr er ei fod yn berthynas? Yn ôl traddodiad y Thebiaid, ar ôl rhyfel cleddid yn barchus eu rhyfelwyr a laddwyd, ond gadewid cyrff y gelyn i dynged yr eryrod a'r cigfrain. Nid oedd Creon, ei hewythr, yn credu ei bod hi'n iawn yn ôl deddf dyn i gladdu corff perthynas gan iddo ymladd yn ei erbyn, ond credai Antigone fod hyn yn unol â deddf duw. A dyna'r gwrthdaro sylfaenol yn y ddrama:

Creon: A wyddit ti
fod caeth orchymyn yn gwahardd dy weithred?

Antigone: Pa fodd nas gwyddwn? Roedd i bawb yn hysbys.

Creon: Ac eto, meiddiaist dorri'r gyfraith hon?

Antigone: Mi feiddiais, do, cans nid gan Dduw y rhoed
y gyfraith im; nid deddf fel hon orchmynnir
i ddynion gan Gyfiawnder sydd â'i sedd
ymhlith y duwiau isod. Ac ni fernais
fod cymaint grym yn d'orchmynion di
i beri imi, feidrol egwan, herio
diysgrif a diymod ddeddfau'r nef.
Cans neb ni ŵyr eu hoed a'u hanfod hwy –
nid heddiw ac nid doe ond yn dragwyddol.
Pa ateb rown i'r duwiau, pe bawn i,
gan ofni gwg y balch, yn torri'r rhain? (tt. 30–1)

Gwell ganddi wynebu ei thynged o roi corff ei brawd mewn bedd na byw gan wybod na wnaeth hynny. Gwelodd Creon ei gamgymeriad yn rhy hwyr, oherwydd erbyn hynny yr oedd Antigone wedi cymryd ei bywyd ei hun. Mor bwysig yw ufuddhau i dduw yn hytrach nag i ddynion.

Am ddramâu Aeschylos dywed S. R. Littlewood y buasai Paul wrth ei fodd gyda nhw, oherwydd ei fod yn credu yn y pechod gwreiddiol a phuredigaeth.[21] Dyfynna Macaulay'r hanesydd a sylwodd ar y tebygrwydd sydd rhwng cynnwys dramâu Aeschylos a gweithiau'r Hebreaid.[22] Gwelai debygrwydd rhwng ei ddrama *Promotheus* a Llyfr Job. Awgryma hefyd fod dylanwad drama Aeschylos arno. Nid yw hynny yn annhebygol, o gofio bod gwlad Groeg wedi lledu ei gorwelion gwleidyddol a diwylliannol yn y bedwaredd ganrif cyn Crist, gan gyrraedd hyd Sichem yr Hebreaid. Cyfieithwyd yr Hen Destament i'r Roeg a daeth y Groegiaid i addoli Yahweh ochr yn ochr â'u duwiau eu hunain a'i alw'n Iao. Meddiannwyd rhai o'r Hebreaid gan gynnwrf y theatr Roegaidd, heb sôn am farddoniaeth y Groegiaid, eu hathroniaeth a'u chwaraeon. Gwêl S. R. Littlewood debygrwydd rhwng y caneuon yn nrama Aeschylos, *Yr Ymbilwyr*,[23] a chaneuon salmyddion yr alltudiaeth.[24] Y dyneiddiwr Ewripides, yn ei ddrama *Gwragedd Troia*, sy'n cyfleu orau ei ddyneiddiaeth braf.[25] Y gwragedd hyn oedd wedi hen flino ar ugain mlynedd o ryfela rhwng Troia a Sparta a benderfynodd eu bod yn protestio trwy ymatal rhag cael cyfathrach rywiol gyda'u gwŷr.

Cofleidio'r duwiau mwy syber a wnaeth Aeschylos a Soffocles ac ymwrthod ag ysbryd cyfeddach a thrythyllwch a gysylltid â Dionusos. Ond fe gafodd yntau ei ddramodwyr yn Aristoffanes a Menander, awduron y comedïau a oedd yn amrwd, yn anllad, yn werinol, yn ddychanol ac yn eithriadol o ddoniol. Mae elfennau tra soffistigedig yn ogystal â chyffyrddiadau telynegol hyfryd yn nodweddu gwaith Aristoffanes, a chawn adlais o hynny yn nrama Huw Lloyd Edwards, *Y Llyffantod*, a batrymwyd ar ei ddrama ef o'r un enw.[26] Cyfeddach yw ystyr *Komos*, bôn y gair comedi, ac ystyr yr ail elfen *aoidos* yw canwr. Datblygodd yr ystyr i olygu "cwmni ffraeth". Soniwyd eisoes am ddawns y Satyriaid (gafr-ddynion?); caed yr hyn a elwid yn ddrama Satyr hefyd hon oedd y ddrama ysgafn, amrwd a chyntefig a berfformid ar ôl gwylio perfformiadau o dair trasiedi un ar ôl y llall! Bwriad y ddrama hon oedd parodïo'r duwiau a chewri'r gorffennol. Ceid y Satyriaid fel corws ac fel dawnswyr mewn dramâu o'r fath. Un ohonynt sydd wedi goroesi yn ei chyflawnder yw *Cyclopi* gan Ewripides.[27]

Fel yr oedd gogoniant Groeg yn machludo yr oedd gogoniant Rhufain yn gwawrio. Yn y ddrama sbectal, a oedd yn ormodiaith ac yn dra rhywiol – drama dros ben llestri – yr oedd diddordeb y Rhufeiniaid yn eu Coliseum yn Rhufain. Ceir sôn am geffylau, camelod ac asynnod yn gorymdeithio ar ganol fersiwn Rhufain o drasiedi Roegaidd. Cysgod gwan o'r dramodwyr Groegaidd oedd Seneca, y dyneiddiwr a'r Stoic, a batrymai ei ddramâu ar eu gweithiau hwy. Y farn gytûn yw mai ar yr wyneb yn unig yr oedd tebygrwydd, gan nad oedd na dyfnder na dwyster y dramâu Groegaidd yn eiddo iddynt. Dedfryd S. R. Littlewood ar ei waith oedd eu bod mor farw â Seneca ei hun.[28] Erys ei ddiffiniad enwog: "I'r ddynoliaeth mae dynoliaeth yn sanctaidd". Mae'r dramodwyr comedi yn y cyfnod hwn, Plautus a Terens, yn fwy diddorol, oherwydd iddynt ddarganfod y fformiwla gomic yn seiliedig ar naratif a'r naturiol wrth drafod y dyn cyffredin: treialon meistr a gwas, cynllwynion serch yr ieuenctid, camddeall a chamadnabod ac yn eu sgil greu cymeriadau fel y gwas cyfrwys, y carwr brwd, y meistr anllad, a'r plentyn hir-golledig ac ati. Roedd y dramâu hyn yn rhai eithaf bywiog.

Ond beth oedd ymateb yr arweinwyr Cristnogol i'r gweithgarwch hwn?

Y TADAU EGLWYSIG A'R THEATR

Cyfeiriais yn gynharach at ddatganiad condemniol a digyfaddawd Chrystostom ar y theatr. Roedd Cristnogion yn mynychu'r dramâu hyn, ac yn wir, roedd rhai yn actio mewn rhai ohonyn nhw. Tertwlian tua diwedd yr ail ganrif a ddywedodd, os oedd Cristnogion am weld sbectacl, gwell fuasai iddyn nhw gefnu ar y theatr a mynd i'r offeren. Roedd Clement, Cyprian a Ierôm yn mynegi barn gyffelyb. Aeth pethau mor ddrwg nes i Gyngor

Theatr Rufeinig Orange

Eglwysig a gynhaliwyd yn Arles (heb fod ymhell o'r theatr enwog yn Orange) ddatgan fod yr actor o Gristion a droediai lwyfan y theatr gan "addoli gau dduwiau" i'w esgymuno.

Pan ddaeth Awstin Sant (354–430 OC) i amlygrwydd eglwysig, ceisiodd ef wahaniaethu rhwng dirgelion y duwiau oedd yn y dramâu a'r camddefnydd anllad ac anfoesol a wneid o'r dramâu hynny yn y theatr. Roedd Awstin yn siarad o brofiad gan iddo yn ei lencyndod fod yn actor yng Ngharthag. Credai fod yr elfen ddilys grefyddol wedi mynd ar goll yn y theatr Rufeinig oherwydd esgeulustod a chamddefnydd. Nid oes ryfedd iddo hefyd gydymdeimlo rhyw gymaint ag actorion. Er gwaethaf y datganiad a wnaed yn Arles, credai fod comedïau a thrasiedïau didwyll a dilys ymysg y dirgelion.[29] Fodd bynnag, fe gondemniodd yr actorion oedd un funud yn gweddïo yn yr eglwys a'r funud nesaf yn brygywthan yn y theatr. Ond er i Awstin ddangos cydymdeimlad, ni chredai fod cymod yn bosibl.

Roedd gwreiddiau'r ddrama yn rhy ddwfn i neb ei dadwreiddio. Daliai'r Cristnogion i fynd i'r theatr. Noddwyd "y meimiau" gan yr Ymerawdwr Cystennin gan ddwyn gwarth arno'i hun. Cwynai'r Pab, Leo Fawr, fod y theatr yn y Rhufain Gristnogol yn fwy o dynfa na gwyliau'r merthyron. Aeth y ddrama lafar yn fud unwaith y cyhoeddwyd Cristnogaeth yn grefydd swyddogol yr ymerodraeth. Caed ymdrech neu ddwy fodd bynnag i lunio trasiedi Roegaidd ar bynciau Beiblaidd. Mae darnau o drasiedi o'r ail ganrif ar gael yn *Yr Exodus*, gwaith Iddew o'r enw Eseciel. Ar gof a chadw hefyd, ceir drama fydr, *Dioddefaint Crist*, a briodolwyd ar un adeg i Grigor Nazianzenus. Ond nid oes dystiolaeth fod y rhain wedi cydio yn nychymyg eu cyfoeswyr.

Diflannodd y ddrama o fywyd yr ymerodraeth a bu tywyllwch yn ei hanes am chwe chanrif. Os crefydd a roddodd fod i'r theatr, crefydd hefyd a'i lladdodd yn ôl Hugh Hunt yn ei gyfrol *The Live Theatre*.[30] Tybed a oedd y ddrama wedi mynd yn anghenfil bygythiol i grefydd a chymdeithas a'i bod yn rheidrwydd i'w mygu a'i lladd? Ai lladd ei hun a wnaeth, gan mai sinderela oedd y ddrama yn Rhufain? Y Sbectacl neu'r Sioe oedd y peth mawr. Ynteu ai marw a wnaeth fel yr ymerodraeth ei hun oherwydd llygredd mewnol? Beth bynnag oedd y rheswm, yr oedd atgyfodiad i ddod, ond bu raid aros mwy na thridiau am yr atgyfodiad hwnnw. Bu dau atgyfodiad i'r ddrama yn ddiarwybod yn ôl pob golwg i'r naill a'r llall yn y ddegfed ganrif, un ymysg Sacsoniaid Ewrop a'r llall ymysg Sacsoniaid Lloegr.

GANDERSHEIM

Pan anogodd Tertwlian ei gyd-Gristnogion i gefnu ar sbectacl y theatr yn Rhufain a throi at sbectacl yr offeren, prin y dychmygodd bryd hynny y buasai'r Ffydd yn herwgipio'r Theatr er mwyn bod yn gyfrwng iddi. Digwyddodd hynny ymysg y Sacsoniaid yn Gandersheim, Sacsoni, ac yng Nghaer-wynt (Winchester), Lloegr. Ai cyd-ddigwyddiad oedd hynny, ynteu a oedd yna ryw ymwybyddiaeth o draddodiad cyffredin? Awn i Sacsoni yn gyntaf.

Yn Sacsoni tua chanol y ddegfed ganrif ganed merch athrylithgar o'r enw Hrotswitha. Mae sawl fersiwn o'i henw ar gael, a'i ystyr yw "llais cryf" – enw addas iawn. Ni wyddys ymhle na pha bryd y ganed hi, ond credir ei bod yn hanu o deulu bonedd gan iddi gael ei derbyn i fod yn lleian yn yr Abaty Benedictaidd yn Gandersheim. Roedd gan yr abaty lawer o rym ac roedd yr Abades, o ran

Hrotswitha

statws, yn cyfateb i Farwn. Yn y cyfnod hwn, nith i'r Brenin Otto oedd yr Abades. Nid oedd ymrwymiad y lleian i'r abaty yn un am oes gan ei bod yn bosibl iddi gefnu ar yr abaty a phriodi, a dyna oedd hanes llawer o'r merched bonedd yn y cyfnod hwnnw. Wrth i rym Otto ehangu dros yr Almaen, Awstria a'r Swistir yn 962, caed rhyw fath o ddadeni o dan ei arweiniad, ac roedd yr abaty hwn yn rhan ohono. Cryfhaodd y berthynas rhwng llys ac abaty.

Credir mai rhywbryd rhwng 960 a 973 yr ysgrifennai Hrotswitha ac roedd llyfrgell yr abaty at ei gwasanaeth. Sylweddolai hithau fod Duw wedi rhoi iddi feddwl miniog. Yn yr abaty daeth ar draws gweithiau Terens a Plautus ac mae tystiolaeth ei bod yn gyfarwydd â gweithiau'r Tadau Eglwysig, bucheddau'r saint, athronwyr Cristnogol, heb sôn am weithiau Homer, Fyrsil ac Ofydd. Roedd cryn ddarllen ar eu gweithiau yn arbennig gweithiau Terens oherwydd godidowgrwydd yr iaith Ladin, ond ofnai'r lleian fod yr elfennau annheilwng yn y cynnwys yn difwyno cred a buchedd llawer. Am hynny aeth ati i gywiro hyn trwy gyfuno godidowgrwydd yr iaith Ladin a sylwedd yr Efengyl Gristnogol mewn drama. Ei chymhelliad oedd gogoneddu ei Duw. Credai fod Duw wedi rhoi iddi feddwl craff ac y dylai ddefnyddio ei thalent. Mae'n manylu:

> Yn y gobaith y bydd i f'ymdrech isel ac anwybodus gael mwy o dderbyniad wrth gyflwyno rhywbeth o dras fwy urddasol, ac y bydd i Greawdwr athrylith gael mwy o anrhydedd gan mai'r gred gyffredinol yw bod deallusrwydd merch yn arafach. Dyna f'unig gymhelliad dros ysgrifennu, yr unig reswm dros y chwys a'r blinder a gostiodd fy llafur i mi. O leiaf, nid wyf yn honni fod gennyf wybodaeth pan wyf yn anwybodus. I'r gwrthwyneb, fy hawl pennaf dros ymfoddhau yw fy mod yn gwybod faint nad wyf yn ei wybod.[31]

> Fy mwriad, o fewn cyfyngiadau fy nhalentau tlawd, yw gogoneddu diweirdeb gwyryfon Cristnogol trwy'r un cyfrwng yn union ag a ddefnyddiwyd i ddisgrifio gweithredoedd digywilydd merched llac eu moes.[32]

Yn yr un rhagymadrodd mae'n amddiffyn y ffaith ei bod yn cynnwys trais a rhyw yn ei dramâu, y pethau amharchus hynny na ddylid sôn amdanynt. Oni bai iddi wneud hynny, buasai wedi methu yn ei bwriad i ddyrchafu buddugoliaeth daioni dros ddrygioni ac i ddatgan bod glendid gwyryfol y ferch ac iachawdwriaeth dyn yn rhagori ar buteindra ac anlladrwydd. Nid yw wedi dilyn Terens o safbwynt strwythur clasurol y ddrama, ond yn hytrach ymateb i'r driniaeth a gaiff merched yn ei gomedïau. Llestri bregus ydynt yn ei ddramâu ef, ond yn nramâu Hrotswitha arwresau dewr gwyryfdod a glendid ydynt. Felly, gwelwn fod y dramâu hyn yn pontio traddodiad clasurol Groegaidd-Rufeinig yr hen fyd a meddylfryd Cristnogol gwledydd cred yn yr Oesoedd Canol. Er bod tystiolaeth dameidiog, digon prin, bod cyflwyniadau litwrgïaidd dramatig ynghlwm wrth y gwasanaethau, hyd yn oed yn yr oesoedd tywyll, nid oes unrhyw dystiolaeth fod dramâu Hrotswitha wedi cael eu perfformio.

Ni ddaeth y dramâu hyn yn hysbys yn Lloegr hyd flynyddoedd olaf y bymthegfed ganrif. Caed cyfieithiad Saesneg o'i dramâu ar ddechrau'r ugeinfed ganrif gyda'r bwriad o'u perfformio, ond bu'r Rhyfel Mawr Cyntaf yn rhwystr i hynny ond, yn anffodus, llosg-wyd y cyfieithiad yn helyntion y Pasg 1916 yn Nulyn, gan mai yno y cedwid y cyfieithiad ar y pryd. Perfformiwyd cyfieithiadau Saesneg diweddarach yn Lloegr ganol y ganrif ddiwethaf.

Mae ei dramâu oll yn seiliedig ar chwedloniaeth Gristnogol y cyfnod. Glŷn yn ffyddlon wrth y ffeithiau ond yn gymysg â dos dda o ddychymyg tra chreadigol. Yn *Gallicanus*, *Dulcitius* a *Sapientia* y gwrthdaro cynnar rhwng yr hen baganiaeth a Christnogaeth ifanc a gawn. Adlewyrchant erledigaeth hyd at ferthyrdod o dan law Hadrian, Diocletian a Julian y Gwrthgiliwr. Mae ei thair drama arall yn seiliedig ar y gwrthdaro rhwng y cnawd a'r ysbryd. Nid digon edifarhau, mae penyd yn ddyledus hefyd er puredigaeth yr enaid. Ystyrir *Abraham* a *Paphnutius* fel ei dwy ddrama orau, o ran eu gwead clòs, eu cymeriadaeth fedrus a'u deialog gyfoethog.

Cyn eu tröedigaeth, consárn am y cnawd sydd gan ddynion ei dramâu, ond i'r merched mae gwyryfdod yn gyfystyr â sancteiddrwydd. Y gwrthdaro hwn rhwng Dyn a Merch yw'r gwrthdaro sylfaenol yn ei dramâu a'r wyryf neu'r ferch sydd yn ennill bob tro, y ferch a ystyrid yn arafach ei meddwl na dyn! Y ferch a dderbyniodd iachawdwriaeth yw cyfrwng iachaw-dwriaeth dyn. Dyma ffeministiaeth gynnar, ond negyddol: merch yn gorfod profi ei bod yn gyfartal â dyn trwy ymroi i fod yn wyryf. Ei chonsárn yw bod merch cystal â dyn mewn cymdeithas anghyfartal. Nid yw yn dadlau bod y ferch yn gyfartal oherwydd ei bod hithau fel y dyn yn blentyn i Dduw. Mae ei safiad yn debyg i safiad y Cymry yn y bedwaredd ganrif ar bymtheg. Yn ôl Hywel Teifi Edwards, roedd y Cymry'n dadlau eu bod yn gyfartal â chenhedloedd eraill, nid ar y sail eu bod yn genedl, ond ar sail eu crefydd a'u moes.[33]

Wrth gynnwys trais a rhyw yn ei dramâu ac wrth fod yn llais i'r ferch yn ei chyfnod, y mae'n taro tant cyfoes iawn. Gellir dweud hefyd fod ei hymdriniaeth yn taro'r un tant cyfoes. Yn *Callimachus*, ceir stori ramantus, iaith garwriaethol, a golygfeydd agoriadol lliwgar, sydd yn amheuthun o gofio mai yn y ddegfed ganrif yr ydym. Mae rhai wedi cymharu hyn â *Romeo a Juliet*. Yn y ddrama, hefyd, ceir cyfarwyddiadau llwyfannu, sydd yn awgrymu bwriad i'w pherfformio. Yn y ddrama *Paphnutius*, a ystyrir yn gampwaith ei chreadigaethau, ceir disgyblaeth lem y gwryw cyfiawn, Paphnutius, a fyn achub Thais, y butain anllad, trwy edifeirwch a phenyd. "Digymar yw ei harddwch a gwaradwyddus yw ei drygioni" ond "pan ddiwreiddir drain pechod o'r galon, yna bydd dagrau edifeirwch yn llifo." Mae yn ei charu, ac wrth iddi gael ei hachub daw ei dynerwch anhygoel yntau i'r amlwg. Cyfleir y cyfan trwy ddeialog fedrus a chynnil. Mae golygfa gyffelyb yn y ddrama *Abraham*. Daw'r tynerwch hwn i'r wyneb yn ei weddi hyfryd gerllaw cell gwrthrych ei gariad:

O, ddigreedig Fod, y wir ddelw heb sylwedd, yr Hwn a greodd ddyn: dyn nad yw'r hyn sydd, ond sydd yn cynnwys elfennau amrywiol, caniatâ i'r darnau amrywiol o'r meidrolyn hwn gael eu huno'n llawen gyda ffynhonnell ei darddiad fel y bydd yr enaid wedi'i wisgo ag anfarwoldeb, yn cael rhan yn y llawenydd nefol, a'r corff yn cael gorffwys mewn hedd ym mreichiau tyner ei ddaear frodorol hyd nes bydd llwch ei gweddillion yn cael eu casglu ynghyd drachefn ac anadl bywyd yn dychwelyd i'w chorff adfywiedig. Boed i'r un Thais hon atgyfodi mewn corff perffaith fel o'r blaen a bod gartref gyda'r ŵyn gwyn fel eira a chael ei harwain i lawenydd Tragwyddoldeb. Caniatâ hyn, Ti sydd uchod yr Hwn ydwyt yr hyn ydwyt,Ti, yr Hwn sydd yn Undeb y Drindod yn byw ac yn teyrnasu yn dragwyddol.

Nid yw'n ddihiwmor o bell ffordd. Yn ei drama *Dulcitius*, daw Dulcitius i gartref tair chwaer, tair gwyryf i'w Crist. Gan feddwl ei fod yn cusanu a chofleidio'r merched, yr hyn a wnaeth oedd cofleidio'r tegellau a chusanu'r padelli ffrio. Dychwel adref i gael ei ddirmygu gan bawb. Nid yw yntau'n medru deall hynny. Onid oedd ei ddillad yn hardd ac yn ddrudfawr? Nid oedd yn sylweddoli eu bod wedi eu maeddu a'u difwyno wedi ei orchest: "Mae'r Cristnogion hyn wedi gwneud ffŵl ohonof."

Y farn gytûn yw nad symlrwydd gwneud ond symlrwydd eu didwylledd sydd yn peri bod y dramâu hyn mor apelgar. Maent mor ddarllenadwy ac mor hynod o fodern.

CAER-WYNT

Awn i Loegr ac i Gadeirlan Caer-wynt (Winchester) ar fore Sul y
Pasg yn y ddegfed ganrif. Ar y bore hwnnw roedd yr Esgob
Ethelwold wedi penderfynu cyflwyno hanes yr Atgyfodiad mewn
ffordd wahanol i'r arfer er mwyn i'r darlun rhyfeddol hwnnw fod
yn fyw ac yn gofiadwy i'w gynulleidfa, sef ar ffurf drama. Yr
offeiriadon oedd yr actorion a Lladin oedd yr iaith. Fel y dywed
Dafydd Glyn Jones: "Dyma ddrama Ewrop yn cychwyn eto ar ei
rhawd ar ôl hir osteg, fel rhyw estyniad bychan o'r duedd
ddramatig sydd yn anorfod mewn addoliad crefyddol."[34] Bu'r
theatrau Rhufeinig yn Colchester, Caergaint a St Albans yn
dawel am ganrifoedd. Ailgyneuwyd y fflam nid ar unrhyw lwyfan
ond wrth allor. Nid diddanu oedd y bwriad ar fore'r Pasg, ond
dyfnhau'r addoliad ac egluro'r neges meddai Hugh Hunt.[35]

Adwaenir y cyflwyniad arloesol hwn fel y "Quem quaeritis?" ar
sail y cwestiwn agoriadol yn y cyflwyniad "Pwy a geisiwch ...?"

Angel: (Yr Esgob): Pwy a geisiwch chwi yn y bedd,
o ferched Crist?

Y Tair Mair: (Yr offeiriadon): Iesu o Nasareth, o Fab y
Nefoedd.

Angel: Nid yw ef yma, fel y rhagddywedodd, atgyfododd.
Ewch, cyhoeddwch ei fod ef wedi codi o'r bedd.

Mae cyfarwyddiadau'r Esgob Ethelwold ar gyfer y cyflwyniad
wedi eu cadw:

Pan fydd y drydedd lith yn cael ei siantio, bydded i bedwar brawd ymwisgo. Bydded i un o'r rhain, wedi ei wisgo â gwenwisg offeiriadol laes, ddod i mewn fel pe bai yn cymryd rhan yn y gwasanaeth, a bydded iddo agosáu at y bedd heb dynnu sylw ato'i hun, ac eistedd gyda phalmwydden yn ei law. Pan ddeuir at siantio'r drydedd atebgan, bydded i'r tri

Corff Eglwys Gadeiriol Caer-wynt

arall ei ddilyn wedi eu gwisgo â chlogau gorymdeithiol yr offeiriadon, yn cario peraroglau yn eu dwylo dan gamu'n ofalus i gyfeiriad y bedd fel rhai yn chwilio am rywbeth. Gwneir hyn ar batrwm yr angel yn eistedd yn y bedd a'r gwragedd gyda'u peraroglau ar gyfer eneinio corff Iesu. Pan wêl yr un sy'n eistedd y tri arall yn dod ato fel pobl ar goll yn chwilio am rywbeth, bydded iddo ganu mewn llais melys wedi ei daro'n gymedrol "Pwy a geisiwch ...?"[36]

Yr eglwys oedd y theatr, yr offeiriadon oedd yr actorion, a'r addolwyr oedd y gynulleidfa. Yr oedd y llifddor wedi ei hagor! Y cam nesaf oedd ychwanegu at y ddeialog a dwyn cymeriadau eraill i mewn i'r ddrama: Pedr ac Ioan, y garddwr, y dyn gwerthu ennaint ac ati. Wrth ychwanegu cymeriadau a golygfeydd yn barhaus, heb sôn am bentyrru celfi cynorthwyol, aeth yr holl fenter yn fwy nag y gallasai'r eglwys ei dal. Yr unig ateb oedd mynd allan drwy borth gorllewinol yr eglwys a pherfformio ar y grisiau, ac yn y man yn y fynwent ei hun. Roedd llifddor arall wedi ei hagor ac nid oedd undim a allasai ddal y llif yn ôl bellach. Aeth tiriogaeth yr eglwys hyd yn oed yn rhy gyfyng i'r fenter. Aed allan o'r fynwent i'r strydoedd ac i'r farchnadle.

Aeth drama'r Cadw o'r Eglwys i'r byd, o'r cysegr i'r comin. Roedd y plentyn a faged yn yr Eglwys bellach wedi tyfu ac wedi cyrraedd oedran gŵr. Mynnai ei annibyniaeth a sefyll ar ei draed ei hun. Eiddo'r werin ydoedd bellach ac nid eiddo'r eglwys. Dyna dynged ei phlant ym mhob oes. Mabwysiadwyd y ddrama gan yr urddau crefft, pob crefft â'i golygfa fabwysiedig ei hun. Cefnwyd ar yr iaith Ladin, a chofleidiwyd iaith y werin. Bellach theatr y werin gan y werin i'r werin ydoedd.

Erbyn y bedwaredd ganrif ar ddeg a'r bymthegfed, roedd y dramâu hyn wedi ymsefydlu mewn dinasoedd megis Efrog, Coventry a Chaer, ac adwaenid hwy fel Dramâu Cylch. Mae rheswm da dros eu galw felly. Roedd pob crefft yn gyfrifol am olygfa, ac roedd y golygfeydd hynny wedi eu gosod mewn cylch, weithiau'n statig ar y stryd gyda'r gynulleidfa'n symud o un

olygfa i'r llall, neu dro arall yn symudol ar droliau fel carnifal a'r
gynulleidfa yn ei hunfan. Yn aml roedd cysylltiad rhwng yr
olygfa a'r grefft. Er enghraifft, cyfrifoldeb y seiri a'r dynion a
gariai'r dŵr oedd stori Arch Noa! Cyfrifoldeb yr eurychiaid oedd
golygfa'r Tri Brenin (Y Tri Gŵr Doeth) a'r cogyddion oedd yn
gyfrifol am dân uffern! Onid oedd y golygfeydd hyn yn hysbyseb
dda i'w crefft?

Ar y cychwyn, roedd pob golygfa oddi fewn i Ddrama'r Cadw
yn Feiblaidd ac yn ymestyn yn ôl i'r Creu ac yn ymestyn ymlaen
at Ddydd y Farn. Rhwng pawb roedd degau ar ddegau o linellau
i'w dysgu a byddai'r perfformiadau'n parhau am ddyddiau.
Trefnid pob golygfa a chelficyn yn ofalus. Rhoddid yr un sylw i'r
gwisgoedd. Amcan y cyfan oedd gogoneddu Duw ac arwain
meddyliau'r edrychwyr at wirionedd ysbrydol. Gwisgai pob
cymeriad wisg symbolaidd arbennig. Adwaenid Pedr yn ôl ei
allweddau, Jiwdas yn ôl ei wallt coch a'r seintiau yn ôl eu

Drama Gylch

50

gwalltiau aur. Byddai Mair Fadlen wedi ei gwisgo yn ôl ffasiwn y dydd! Masg hyll a gwisg hardd a wisgai Herod, tra gwisgai'r meddyg fantell flewog drom, gydag Adda ac Efa yn gwisgo lledr golau tyn. Gwisgai Duw wisg wen offeiriadol, tra gwisgai Belial gyrn ar ei ben a thaniai bowdr. Adwaenid y Cythreuliaid yn ôl eu sosbenni. Coed a blodau oedd yn cyfleu Paradwys, gyda draig neu fwystfil yn fwg ac yn dân i gyfleu Uffern. Gwisgai Angau benglog a gwisg ddu.

Ceid dramâu oedd yn canolbwyntio ar wyrthiau'r Beibl, yr Apocyffra a'r Saint. Yn y rhain roedd y cyfoes a'r doniol yn cael eu lle, gan mai'r stori oedd yn ganolog ynddynt. Yn Lloegr sonnir am "The Mystery Plays" yng nghyswllt dramâu'r cyfnod hwn. Mae'r beirniaid yn dra chytûn nad cyfeirio at ddirgelion a wna'r disgrifiad *mysteries*, ond at *ministry*. Dyna gyda llaw yw ystyr wreiddiol *minstrel*. Nid cerddor yn unig oedd *minstrel* yn wreiddiol ond un a oedd hefyd yn cyflawni rhyw wasanaeth neu'i gilydd. Mae cryn ddadlau beth oedd natur y gwasanaeth mewn perthynas â'r dramâu hyn – gwasanaeth y crefftwyr i gyd-ddyn (y crefftau) ynteu gwasanaeth i Dduw (perfformio'r dramâu)?

Roedd dramâu cyffelyb o ran nodweddion, cynnwys a safbwynt i'w cael ar y cyfandir, ond bod iddynt yn naturiol eu nodweddion lleol eu hunain. Fel yn Lloegr a Chymru, llithrodd yr elfennau seciwlar, megis meimio a chlownio er mwyn diddanu, i mewn yn raddol i'r cyflwyniadau hyn. Cyn i'r ddrama fynd i'r priffyrdd a'r caeau, fodd bynnag, roedd yr holl olygfeydd â'u seiliau yn gadarn yn ffydd a phregethu'r Oesoedd Canol yn ôl Robert Potter yn ei gyfrol *The English Morality Play*.[37] Yn sgil dylanwad yr urddau crwydrol, Y Brodyr Duon (Dominic) a'r Brodyr Llwydion (Ffransis), roedd penyd yn ganolog ym meddylfryd yr eglwys bryd hyn, oherwydd rhoent le amlwg i gyffes. Roedd hi'n haws i'r werin gyffesu i fynaich crwydrol nag i offeiriadon sefydlog! Gyda'r brodyr crwydrol daeth chwa o awel iach i'r eglwys ac i'r gymdeithas – awel iach o onestrwydd, didwylledd a chyfrifoldeb moesol. Roedd gweithredoedd da yn bwysig. Yn yr awyrgylch hwn y ganed y Ddrama Foes yn ymwneud â'r frwydr rhwng da a drwg ac yn canolbwyntio ar gyffes, penyd a gweithred dda. Dyma'r llwybr at faddeuant, llwybr yr iachawdwriaeth. Yn wir, drama'r penyd a theatr maddeuant oedd y Ddrama Foes. Alegorïau oedd y dramâu hyn gyda phob cymeriad yn cynrychioli haniaethau megis Angau, Gweithredoedd Da, Gwybodaeth, Doethineb, Prydferthwch ac ati. Y Gwirionedd oedd yn bwysig yn y rhain.

Os techneg oedd y ddrama ar y cychwyn er mwyn cyflwyno cynnwys yr Ysgrythurau mewn dull mwy bywiog, datblygodd yn fuan i fod yn gyfrwng i ddehongli'r Efengyl. Dyma gyfnod y Ddrama Foes oedd yn pwysleisio mor annigonol oedd gweith-redoedd da ac mor angenrheidiol oedd edifeirwch a derbyn gras a thrugaredd Duw cyn dyfod marwolaeth.

Yr enwocaf a'r odidocaf o'r Dramâu Moes yw *Pobun* neu, a bod yn fanwl gywir, *Galwad Pobun*.[38] Perthyn i'r bymthegfed ganrif, a rhan ydyw o waith ehangach. Cyflwyniad byr ydyw gydag undod lle, meddwl a thôn. Pererindod yw'r ffurf ddramatig. Caiff Pobun alwad i roi cyfrif am ei orchwyl yn y byd. Cais gwmni ar y daith, ond nid yw na Chyfeillach, Cefnder na Theulu, na Chyfoeth na Gweithredoedd Da am gadw cwmni iddo. Nid yw Gweithredoedd Da am fynd gydag ef oherwydd ei bod yn ei gwendid heb fedru codi ar ei thraed. Cais gwmni Nerth, Doethineb, Pum Synnwyr a Gwybodaeth ac mae'r rhain yn dewis mynd gydag ef. Daw Gwybodaeth ag ef wyneb yn wyneb â'i gyflwr ei hunan. Gelwir ar Gyffes i wrando ar ei gri edifeiriol. Daw Gweithredoedd Da yn ei hôl. Deuant oll i olwg y bedd, ond yn awr y mae Nerth, Doethineb a'r Pum Synnwyr yn ei adael. Erys Gwybodaeth hyd oni â Pobun a Gweithredoedd Da i'r bedd. Nid oes angen Gwybodaeth bellach arno oherwydd daw Angel i groesawu Pobun i'r nefolion leoedd. Mae'r Dramâu Moes eraill yn pwysleisio gras a thrugaredd Duw, ond y mae pwyslais hon ar weithredoedd da yn ôl Gassner yn ei gyfrol *Medieval and Tudor Drama*.[39] Diddorol yw nodi fod y ddrama hon yn mynd yn ôl yn ei chychwyniad i'r wythfed ganrif at Sant Ioan o Ddamascus a gafodd y stori wreiddiol o ffynhonnell Fwdaidd.

Yn Oes y Tuduriaid daeth y term "Interlude" yn gyfarwydd am fath arbennig o ddrama. Dyma'r term y daeth "anterliwt" ohono. Caiff haneswyr y ddrama drafferth fawr i wahaniaethu rhwng y Ddrama Foes a'r Anterliwt Duduraidd. Cred rhai mai ar gyfer y llys oedd yr anterliwt, ond fod y Ddrama Foes yn perthyn i'r priffyrdd a'r caeau. Roedd yr anterliwt, fodd bynnag, yn tueddu i fod yn fyrrach. Er hynny, roedd ystyriaethau moesol yn yr anterliwt Duduraidd, a daeth hiwmor a diddanwch yn rhan fwy amlwg ohoni ac yn y man yn rhan bwysicach na'r dysgu. Nid problemau tragwyddoldeb bellach a gaiff sylw, ond problemau amser, yn gymdeithasol, yn wleidyddol ac yn economaidd. Nid Duw oedd y canolbwynt bellach ond dyn. A dyma ni'n ôl gyda chomedïau dyneiddiol Terens a Plautus yn Rhufain gynt. Roedd y tir bellach yn barod ar gyfer dramâu moesol, ond seciwlar, Shakespeare a Marlowe. Eto, mae crefydd y cyfnod yn wythïen yn eu dramâu. Roedd y tensiwn rhwng Pabyddiaeth a'r Brotestaniaeth newydd yn gefnlen i weithiau Shakespeare.

Ond beth am Gymru?

GWALIA

Nid oedd Cymru y tu allan i'r llif dramatig hwn ond, yn anffodus, dim ond dwy Ddrama Firagl sydd ar gael yn y Gymraeg. Y dybiaeth yw bod nifer o'r dramâu Cymraeg wedi mynd ar ddifancoll, gan mai yn y mesurau rhydd y cyfansoddwyd hwy ac nid yn y mesurau caeth. Gwaith "oferfeirdd" i'w anghofio ydynt. Nid oeddynt yn werth eu cadw. Er hynny, roedd elfennau dramatig yn y traddodiad clasurol: Ymddiddanion rhwng Arthur a Gwenhwyfar (*Llyfr Du Caerfyrddin*), Gwên a Llywarch, Llywarch a Phendefig (*Canu Llywarch Hen*), Heledd ac amryw (*Canu Heledd*). Gwelodd Syr Ifor Williams fod yr elfen ymddiddanol farddonol hon ynghlwm wrth ddawn y cyfarwydd a'r hen chwedlau Cymreig (*Pedair Cainc y Mabinogi* a *Chwedl Trystan ac Esyllt*). Dywed Ifor Williams fod yr ymddiddan "yn troi'r gerdd yn ddrama fyw".[40] Mae Bobi Jones yn tynnu ein sylw at yr elfen drasig mewn bywyd sydd yn gyffredin i'r canu dramatig cynnar hwn a'r trasiedïau clasurol Groeg.[41]

Cawn Iolo Goch yn cyfieithu Drama Firagl o'r Lladin, *Dechrau Ymdaith Crist*. A oedd hon yn ddrama eglwysig oedd heb fynd allan i'r stryd gan mai Lladin oedd ei hiaith, iaith yr addoliad? Ymddengys mai byrion oedd y Dramâu Miragl Cymraeg, oherwydd nid oedd cyfoeth dinesig Caer, Efrog a Choventry ar gael yng Nghymru. Fodd bynnag, *Y Tri Brenin o Gwlen* yw un o'r Dramâu Miragl sydd ar gael; *Y Pasiwn a'r Atgyfodiad* yw'r llall. Yn y gyntaf ohonynt hanes y doethion yn ceisio'r baban Iesu a

gawn. Yn unol â'r traddodiad barddol cawn y Negesydd ar
gychwyn y ddrama yn galw am osteg ac yna yn ei lleoli ac yn
cyflwyno'r prif gymeriadau:

> Edrychwch bawb ywch benn
> chwi gewch weled y seren
> yn wyneb y gorllewin
> ar tri brenin o Gwlen.

Byr iawn yw'r dramâu Cymraeg o'u cymharu â rhai Lloegr,
meddai Elsbeth Evans yn ei chyfrol, *Y Ddrama yng Nghymru*.[42]
Mae byrder y ddeialog (rhwng dau fel arfer) yn dangos mai ifanc
ac anaeddfed oedd y ddrama yng Nghymru. Eto, roedd y ddrama
Gymraeg yn hynod o ddiddorol oherwydd ei bod yn cyfuno'r
disgwyliadwy (pawb yn gwybod y stori) a'r annisgwyliadwy
(hiwmor). Gwelir datblygiad y cymeriadau cas i fod yn
gymeriadau doniol. Caiff y gynulleidfa ollyngdod hefyd wrth
weld y Porthor afrosgo ac ymladdgar yn ffraeo ac yn blagardio:

> Nid yw meistr yn gwrando
> mogel (*osgoi*) gena i ddyhuno
> hwde ddyrnod ar dy siäd (*corryn y pen*)
> a dos ith wlad i huno.

Ceir tensiwn dramatig ynddi hefyd pan mae Herod ar fin cael
hyd i'r Forwyn Fair ac yna mewn golygfa arall wrth iddo ganfod
ei fab ei hun wedi ei ladd.

Dwy olygfa sydd i *Pasiwn ac Atgyfodiad*. Cryfderau'r ddrama
hon yw rhialtwch y milwyr a thynerwch yr ymddiddan rhwng
Iesu a'i Fam:

> Yn ivank ith fegais
> trwy lawenydd mawr im hais
> heddiw yn drist ith amdoyai di
> gwae vi ar awr ith welais.

Yn y Gymraeg mae enghraifft berffaith o'r Ddrama Foes ar gael
o'r unfed ganrif ar bymtheg: *Yr Enaid a'r Corff*. Nid y stori na'r

cymeriadau sydd yn bwysig ynddi ond y gwirionedd.[43] Alegori yw hi gyda'r cymeriadau'n cynrychioli rhyw haniaeth neu'i gilydd. Ar ddechrau'r ddrama, mae'r Corff eisoes yn farw. Erys am ei gosb a rhybuddia ei gynulleidfa rhag cyflog pechod. Daw'r enaid i mewn a dechreua'r ddau ddadlau ynglŷn â pha un ohonynt sy'n gyfrifol am dynged farwol y naill a'r llall. Beia'r Enaid y Corff am drachwantau'r gorffennol, ond y mae'r Corff yn beio'r Enaid am fethu ag ymarfer ei hawl i reoli. Wrth i'r Enaid a'r Corff ymwahanu, daw'r Angel a'r Diafol (a chanddo fwa a saeth) i ddadlau hawliau'r naill a'r llall dros yr enaid. Daw dau ddiafol arall a'r Forwyn Fair i gymryd ochrau yn y ddadl. Mae Mair yn eiriol ac yn mynd â'r achos gerbron Iesu, sydd yn eistedd mewn Barn fel Duw'r Mab. Rhydd grynodeb o gyflwr yr enaid:

> Llefarodd Salmau
> A dangosodd edifeirwch yn awr ei farwolaeth,
> A derbyniodd dy gorff cysegredig di.
> Gofynnaf am gael gosod
> Fy *ngweddïau gydag ef.
> (*Pater Nosterau/Ein Tad y traddodiad Celtaidd.)

Mae Iesu yn caniatáu ei chais ac achubir yr Enaid. Gadawyd y Corff ar ôl i alaru am ei dynged; eto, mae hynny'n cyflawni swyddogaeth penyd. Dygir Gŵr Cadarn, o weld gwendid y Corff, o falchder i edifeirwch. Daw'r ddrama i'w therfyn gyda'r Angel yn rhoi cyngor i'r dyrfa trwy gyhoeddi grym trugaredd a'r angen am edifeirwch a gweithredoedd da. Nid yw'r ddrama yn ôl R. Potter yn ei *The English Morality Play* yn nodedig am ei chymeriadaeth nac yn meddu hiwmor geiriol sydd yn ysgafnhau dramâu cyffelyb yn Saesneg.[44] Ei chryfder yw ei chynllunio gofalus a'i rhethreg gynnil. Wrth ddewis edifeirwch yn thema, saif ar ganol priffordd y traddodiad hwnnw.

O'r ddrama hon yn ôl Elsbeth Evans y tarddodd yr anterliwt a ddaeth i amlygrwydd yn yr ail ganrif ar bymtheg a'r ddeunawfed,[45] ond mae'n amlwg nad oedd yn ymwybodol o'r ddrama y cyfeirir ati yn *Y Cymro* (28 Mai 2010). Yno ceir cyfeiriad at berfformiad arfaethedig o *Gŵr Cadarn (Y Gŵr Kadarn)*, drama gan awdur anhysbys o'r gogledd na welodd olau dydd ers tua diwedd y 1570au. Dyma'r disgrifiad ohoni gan ohebydd di-enw: "yn dechrau fel drama foes gyda thrafodaeth danllyd rhwng gŵr cadarn a'r offeiriad, ond mae'n gorffen fel anterliwt drwy gymysgu slapstic a thynerwch." Datgan G. G. Evans fod y ddrama hon yn pontio'r ddrama foes a'r anterliwt. Yr elfen amlycaf yn y bont yw "part yr ange" a haera y gall y Gŵr Cadarn fod yn rhagflaenydd i gybyddion yr anterliwtiau.[46]

Daeth yr anterliwt i amlygrwydd yn yr ail ganrif ar bymtheg a'r ddeunawfed ac yn yr anterliwtiau cynnar sydd ar gael yn y Gymraeg gwelir amlygrwydd y bydol, megis y ffŵl, braster iaith ac anlladrwydd llawen fel yn *Sherlyn Benchwiban* gan Lodwick William. Ond, yn wahanol i Loegr, ni chafwyd Shakespeare na Marlowe Cymreig yn sgil yr anterliwt seciwlar; yn hytrach aed ati i berffeithio'r anterliwt ac adfer ei phwyslais moesol gyda gweithiau Elis y Cowper a Thwm o'r Nant.

GWAGEDD

Er i ni weld gweithiau Shakespeare a Marlowe mewn theatr, roedd traddodiad y stryd a'r farchnad yn parhau. Fodd bynnag, gyda dyfodiad y Piwritaniaid, caed adwaith yn erbyn y ddrama a phan ddaethant i rym pasiwyd deddfau llym i'w lladd. Nid gwrthwynebu'r gelfyddyd a wneid ond adweithio yn erbyn y camddefnydd ohoni, wrth roi lle i'r anllad a'r bras a hefyd y bywyd amheus yr oedd yr actorion yn ei fyw. Yng Ngenefa roedd John Calfin wedi rhoi croeso i'r ddrama fel celfyddyd, ar yr amod bod ei chynnwys yn deilwng a buchedd yr actorion yn ddilychwin. Credai'r Piwritaniaid fod y ddrama wedi dirywio wrth gefnu ar yr amodau hyn. Roedd y dramâu bellach, ynghyd â ffordd o fyw'r actorion, yn tanseilio'r Ffydd. Llosgach, llofruddiaeth a godineb oedd deunydd dramâu'r llys bellach. Roedd eu mynychu yn gyfle i gyfeddach ac anlladrwydd, anghymedroldeb ac afradlonedd. Boddhau'r corff ac nid bwydo'r enaid oedd nod y ddrama bellach.

Roedd John Milton,[47] y llenor Piwritanaidd, yn hoffi'r "well-trod stage". Gwerthfawrogai ddramâu Ben Jonson ddysgedig a melyster dramâu Shakespeare, ond fel awdur dramâu ei hun, megis *Comus* a *Samson Agonistes*, credai y dylai'r ddrama fod yn gyfrwng i'r teilwng, y pur a'r da. Yn wir, ei uchelgais yn y dyddiau cynnar oedd llunio drama aruchel a phur yn ôl meddylfryd y Piwritan, ond aeth pethau eraill â'i fryd a'i rwystro. Lluniodd restr o ddramâu posibl, naw deg i gyd, trigain ohonynt ac iddynt destunau Beiblaidd a'r gweddill yn ymwneud â hanes

Prydain. Drama oedd *Paradwys Goll* i fod yn wreiddiol. Diddorol yw nodi y caed dau gyflwyniad dramatig ohoni yn Lloegr yn ddiweddar. Nod Milton yn y dyddiau cynnar oedd creu gwaith dramatig nad oedd wedi ei symbylu gan benboethni ieuenctid na diferion gwin fel y math o ysgrifennu a ddeuai o ysgrifbin merchetwr amrwd neu loddestwr parasitig, ond yn hytrach yn ffrwyth gweddïo ar yr Ysbryd Glân a'i allu i gyffwrdd a glanhau gwefusau'r hwn a fyn. Iddo ef, mewn drama, roedd y prydferthwch mewnol yn bwysicach na phrydferthwch allanol.

Byrdwn *Comus*, ei ddrama lys, oedd apêl ogoneddus am lendid a rhinwedd. Perfformiwyd *Comus* gyntaf yng Nghastell Llwydlo ger y ffin, gydag Arlywydd Cymru, Iarll Bridgewater, a'i deulu yn cymryd rhan. Ceisio achub y "masque" yr oedd Milton, canys dyna oedd *Comus*, sef rhyw fath o ecstrafagansa o ddawns a chanu, llefaru a rhialtwch ar gyfer y llys. Gan mor waradwyddus oedd y "masque" a luniodd Ben Jonson ar gyfer y brenin (Iago I) ym marn un tyst, yr oedd yn dda ganddo fod Shakespeare wedi marw ers dwy flynedd a chynghorodd Jonson i ddychwelyd at drafod brics! Cywiro hyn oedd bwriad Milton.

Yn ei ddrama *Samson Agonistes* mae Samson ddall yn adlewyrchu profiad Milton ei hun. I'r Piwritan a gredai mewn rhyddid, symlrwydd a moesoldeb, yr oedd y gelfyddyd ddramatig i fod yn ddarostyngedig i'r Gwirionedd.

Aeth William Prynne gam ymhellach yn ei lyfr *Histrio-Mastix, The Scourge of Actors* (1633). Bu ei lyfr yn gyfrwng i reoli rhywfaint ar y penrhyddid di-chwaeth oedd wedi mynd yn rhemp ym myd y ddrama. Yr oedd ef yn gwrthwynebu'r ddrama yn llwyr, gan nad oedd yn haeddu ystyriaeth y sawl a gredai mewn pwysigrwydd crefydd bersonol. Nid oedd lle o gwbl i'r ddrama yn ei weledigaeth Gristnogol ef. Sur ac anadeiladol yw ei sylwadau arni. Eto, roedd yn gymeriad cryf ac yn ddyn dewr. Torrwyd ei ddwy glust, y tro cyntaf am iddo feirniadu'r frenhines ar y pryd am ei rhan mewn "masque" a'r eildro am iddo ymosod ar Siarl y Cyntaf. Collodd ei swydd a'i radd, a chafodd ei garcharu am oes a'i ddirwyo'n drwm.

Rhaid cofio bod cryn feirniadu wedi bod ar y ddrama am hanner can mlynedd cyn cyhoeddi llyfr Prynne. Cyhoeddodd John Northbrooke, Gweinidog a Phregethwr Gair Duw, draethawd yn 1577, *A Treatise against Dicing, Dancing, Plays and Interludes with Other Idle Past-times*. Credai fod afradlonedd yr actorion ac anlladrwydd y dramâu yn gwneud cariad yn amhosibl, ac nad oedd y theatrau namyn ysgolion Satan. Dylid eu cau bob un oedd ei farn. Er hynny, credai fod lle i ddrama a gadwai o fewn terfynau chwaeth a glendid. Yn ei *School of Abuse* (1579) ymosododd Stephen Goson ar y ddrama, er iddo ef ei hun ysgrifennu dramâu nes yr oedd yn bump ar hugain oed. Bu cryn ddadlau rhyngddo ef a Thomas Lodge a oedd yn amddiffyn y theatr. Cŵyn gyffelyb sydd gan Phylip Stubbes yn ei *Anatomy of Abuses* (1583). Gwrthwynebu perfformio dramâu ar y Sul a'r camddefnydd a wneid o'r ddrama a wnaeth Whetstone yntau yn ei *Touchstone for the Time* (1584). Caed, yn ogystal, waith gan awdur anhysbys yn 1580, *The Second and Third Blast of Retreat from Plays and Theatres*. Ymosododd William Rankins hefyd ar y ddrama yn ei *Mirror of Monsters* yn 1587, dim ond i droi yn y man i fod yn awdur dramâu ei hun. Daeth ymosodiad eto o gyfeiriad Dr Rainolds yn ei *Over Throw of Stage Players* yn 1598.

Yn 1612, daeth Thomas Had, cyd-actor a chyd-ddramodydd gyda Shakespeare, i'r adwy gan amddiffyn yr actorion yn ei *An Apology for Actors* gyda thri phen: Hynafiaeth gwaith actor, Urddas hynafol yr actor a Gwir ddefnydd o ddawn yr actor. Rhyw ugain mlynedd wedyn, caed cyfrol ymosodol Prynne ac yna ddeng mlynedd yn ddiweddarach wedyn, yn 1642, a'r Piwritaniaid mewn grym, deddfwyd "publicke Stage-playes shall cease, and bee forborne". Y dewis arall a argymhellir i'r bobl yn y ddeddf yw: "the profitable and seasonable Considerations of Repentance, Reconciliation, and peace with God".

Gydag adferiad y frenhiniaeth, aeth y brenhinwyr ati i ddial ar y Piwritaniaid trwy greu deddfau i'w tewi. Daeth y theatr yn ôl i'w bri ac er mwyn boddhau eu cyflogwyr brenhinol, aeth y dramodwyr ati i gyfansoddi dramâu dychanol a difrïol, gwrth-Biwritanaidd. Yn ôl Crouch, roedd elfen o wirionedd yn y dychan, ond y duedd oedd mynd dros ben llestri a bod yn annheg wrth orliwio'r gwendidau. Y cyhuddiad mawr yn erbyn y Piwritaniaid oedd eu bod yn erbyn pleser. Gwrthwynebu'r meddwi a'r anfoesoldeb a wneid yn bennaf, ac nid oedd eu gwrthwynebiad i blesera ar y Sul o anghenraid yn golygu eu bod yn erbyn plesera yn ystod yr wythnos. Er y deddfu a'r difrïo, bywiocáu i bob pwrpas a wnaeth y meddylfryd Piwritanaidd. Ac oherwydd y deddfu a'r difrïo, bywiocáu a wnaeth y ddrama hithau.

DRAMA'R DROL

Ailgydiwn yn y traddodiad Cymraeg. Y ddolen gyswllt yw'r anterliwt Seisnig, nid Shakespeare a Marlowe, na hyd yn oed John Milton, ac yn sicr nid dramodwyr yr Adferiad. Nid ymsonau "Corff ac Enaid" y beirdd clasurol na deialog "Theomemphus" yr emynydd o Bantycelyn yw'r ddolen gyswllt ond yr anterliwt y daeth Twm o'r Nant yn gymaint o giamstar arni. Yr ydym eisoes wedi nodi bod tarddiad yr anterliwt yn annelwig yn y traddodiad Seisnig. Cred G. G. Evans fod yr anterliwt yn ei ffurf Gymraeg yn gynnyrch dau ddeunydd cwbl annibynnol, sef y ddrama werin symbolig yn tarddu o ddefod ffrwythloni a'r ddrama grefyddol Gristnogol.[48]

Erbyn y ddeunawfed ganrif roedd y beirdd clasurol a'r Methodistiaid yn gytûn ar un peth o leiaf – eu gwrthwynebiad i'r anterliwt. Beth bynnag am agwedd Pantycelyn at yr anterliwt, mae'n ddiddorol ei fod yn cyfeirio ati yn ei ragymadrodd i'w gerdd fawr 'Theomemphus' fel "prydyddiaeth ddramatig".[49] Yn wir, ceir ymddiddan rhwng Theomemphus a Jesebel yn y gerdd. Yr oedd yn dilyn y beirdd clasurol yn hyn o beth. Goronwy o Fôn a ganodd am anterliwtiau Elis y Cowper: "Nid yw eich cân ond coch"[50] gan gwyno am ansawdd y canu, ond y cynnwys anllad oedd pryder y Methodistiaid. Ymosodwyd yn annheg ar Twm o'r Nant am yr un rheswm. Mae'n wir ei fod yn apelio at chwaeth y werin, gan mai'r werin oedd ffynhonnell ei gynhaliaeth. Yn Lloegr roedd yr anterliwt yn cael ei noddi gan gyfoethogion.

Yn y dyddiau cynnar, roedd yr anterliwt yn canolbwyntio ar straeon serch yn seiliedig ar y Beibl. Wrth i'r stori honno ddatblygu, daethpwyd â'r ffŵl a'r cybydd i mewn rhwng golygfeydd i ysgafnhau pethau. Hwy oedd y digrifwyr. O dipyn i beth aeth y stori sylfaenol yn fwy bydol. Cymysgid y storïol a'r alegorïol, cymeriadau o gig a gwaed a chymeriadau haniaethol, màswedd a moes, y digri a'r dwys, difrïo a dyrchafu, dychanu a chlodfori, dawns a chân. Fodd bynnag, roedd Twm o'r Nant (ac Elis y Cowper) yn rhoi mwy o bwys ar gymeriadau o gig a gwaed nag ar y cymeriadau haniaethol. Roedd Twm ac Elis wedi dod o dan ddylanwad y Diwygiad Methodistaidd.

Mae tystiolaeth i Elis efengylaidd, ond gwrth-Fethodistaidd, annog pobl yn ei hen ddyddiau i osgoi ymhyfrydu mewn gwagedd megis yr anterliwt. Syrthiodd Twm mewn cariad â merch o Rô Wen a oedd â thueddiadau Methodistaidd a themtiwyd ef i luchio ei gapan anterliwt i'r afon a chefnu ar anterliwta, ond am gyfnod yn unig y bu hynny. Pan ofynnwyd iddo gan un o'i gyd-anterliwtwyr pam yr aeth yn ôl, ei ateb oedd bod arno angen yr arian. Yr awgrym i'r holwr oedd bod hwnnw'n ddigon gwirion i anterliwta! Y gwir am anterliwtiau Twm o'r Nant oedd eu bod yn trafod pynciau'r dydd yn grefyddol, yn gymdeithasol ac yn wleidyddol. Haera yntau yn wyneb yr ymosodiadau arno:

Os cenais i ddrwg ddynion, sydd megis blinion bla
Ni chenais i achwynion yn erbyn dynion da.

Haerodd Gwenallt yn ôl nodiadau sydd gennyf yn seiliedig ar un o'i ddarlithoedd yng Ngholeg y Brifysgol Aberystwyth ar y Bardd Cwsg fod yr elfen ddychanol yng ngwaith hwnnw'n ddylanwad ar Twm o'r Nant. Amddiffynnodd Twm Fethodistiaeth yn wyneb ymosodiadau arni gan T. E. Owen, person Llandyfrydog a Llanfihangel Tre'r Beirdd, Ynys Môn, bro'r Morrisiaid a oedd yn taro ar fro Goronwy Owen. Nid oedd gan Twm fawr ddim i'w ddweud am bersoniaid beth bynnag! Ei arf wrth amddiffyn y Methodistiaid oedd ymosod, a dychan oedd yr arf hwnnw! Yn y cyswllt hwn, dywedir bod Thomas Charles yn dra phryderus a'i fod wedi mynegi ei anghysur yng nghyswllt amddiffyniad ymosodol Twm gyda'i ddychan deifiol a llym. Ateb Twm oedd: "Edrychwch chi ar ôl y defaid, Mr Charles, ac mi edrychaf inne ar ôl y bleiddiaid." Nid oedd gan Twm ddim i'w ddweud wrth y Pabyddion nac wrth Eglwys Loegr ac, yn y diwedd, bwriodd ei goelbren gyda'r Methodistiaid gan ymaelodi yn 1808 yn y Capel Mawr, Dinbych. Yn sêt fawr capel y Methodistiaid yn Nhremadog ymysg cewri Methodistaidd y cyfnod yr ymddangosodd Twm yn gyhoeddus am y tro

Twm o'r Nant

olaf, a hynny ar achlysur agor y capel hwnnw ar 17 Chwefror 1810.

Os oes sail i haeriad Gwenallt, dichon hefyd fod dull y Bardd Cwsg o ddychanu wedi dylanwadu arno. Fel hyn y mae'r Dr Gwyn Thomas yn ei ysgrif 'Dychan Ellis Wynne' yn disgrifio ei ddull amlycaf o ddychanu gan ddefnyddio'r gair "dramatig" ddwywaith:

Y mae Wynne yn gyfrwys hefyd oherwydd mai trwy eneuau cymeriadau ac nid yn y naratif y difenwa ef yn amlach na heb. Cael y diawliaid yn uffern i ddifenwi neu cael Angau i ddifenwi y mae. Y mae'n gymwys a dramatig i wneud i'r rhain ddifenwi gan fod eu lleisiau gam ymhellach oddi wrth Wynne nag ydyw llais y Bardd Cwsg. Hollol gymwys yw i Angau ddweud 'Taw ffŵl colledig' wrth y brenin o ymyl

Rhufain neu i'r 'cydymaith da' a'r 'Ferch fwyn' gael eu galw'n 'Meddwyn' a 'Phuttain' (tt. 68, 69) ... Difenwi dramatig ydyw hyn.[51]

Nid cymeriadau ar dudalennau llyfr oedd cymeriadau Twm, ond cymeriadau ar lwyfan!

Os oedd anterliwt Twm o blaid y Methodist, roedd anterliwtiau eraill cynharach yn ei erbyn fel *Ffrewyll y Methodistiaid* o waith William Roberts y clochydd o Lannor – ymosodiad mileinig ar y mudiad ac ar Howell Harris yn arbennig.[52] Nid oedd Huw Jones mor llawdrwm, ond gwnaeth gyhuddiadau difrifol yn erbyn y mudiad a'i arweinydd yn ei anterliwt *Protestant a Neilltuwr*, sef Anglican a Methodist. Iddo ef roedd *Y Llyfr Gweddi Gyffredin* yn rhagori ar weddïau'r Methodist anllythrennog:

> Yn y Common Prayer mae gwell gweddïe
> O gyfan osodiad yr hen dade
> Nag a wnaiff na gwŷdd na chobler
> Sydd heb fedru prin mo'u pader.[53]

Cyhuddai Howell Harris o dwyllo'r merched ac o geisio dymchwel y wladwriaeth a'r eglwys wladol. Ond yr oedd neges foesol ddigamsyniol yn ei waith:

> Rhybudd i Gristnogion ...
> Fyw yn onest ac yn union,
> Yn wŷr, gwragedd ac yn blant,
> A gwylio chwant y galon.[54]

Meddylfryd canoloesol am fodolaeth oedd meddylfryd Twm yntau – cadwyn bod. Roedd i bob peth ei le a lle i bob peth, o'r mwyaf (gorsedd Duw) i'r llychyn lleiaf, ar gadwyn bod, yn unol â'i statws a'i bwysigrwydd. Ond nid cadwyn statig mohoni. Roedd yn bosib esgyn a disgyn, yn ôl cyfoeth neu dlodi, iechyd neu afiechyd, diogi neu ddygnwch.[55] Ac yr oedd yna bedair elfen na ellid eu cynnwys yn daclus yn y gadwyn, daear ac awyr, dŵr a thân, deunydd crai'r greadigaeth, a'r ddynoliaeth hithau. Y broblem oedd pa mor gymesur neu anghymesur oedd yr elfennau hyn ynom. Yr amrywiaeth yn y gymysgfa hon a roddai inni'r amrywiaeth dynol. Weithiau roedd cydbwysedd y mesuriadau yn creu cydbwysedd mewn cymeriad, ond yr oedd anghytbwysedd yn creu gwrthdaro rhwng yr elfennau ac yn creu cymeriadau anghytbwys.

Fel y Methodistiaid, roedd Twm[56] yn derbyn y sefyllfa gymdeithasol, wleidyddol oedd ohoni fel y dengys ei anterliwt *Pedair Colofn Gwladwriaeth*: Brenin (rhyfel), Ustus (cyfraith), Esgob (crefydd) a Hwsmon (cynhaliaeth). Dychenir, fodd bynnag, falchder y brenin, diofalwch yr esgob, ariangarwch yr ustus a chnawdolrwydd yr hwsmon. Daw â'i anterliwt i ben ar nodyn Methodistaidd:

> Adnabod ffyrdd ein calon
> Sydd reitia moddion i ni.

Mae ei anterliwtiau yn dra moesol fel y mae eu teitlau yn awgrymu. Anterliwt oedd *Tri Chryfion Byd* (Cariad, Tylodi ac Angau) yn ôl yr epilog:

> Yn dangos nad yw mawredd
> Heb gariad a thrugaredd,
> Ond gwagedd oll i gyd.

Gellir dadlau mai pregeth ddifyr yn seiliedig ar emyn Paul i gariad yw'r anterliwt hon. Cred fod tröedigaeth at Grist yn angenrheidiol gan mai pechod dyn yn yr ardd oedd balchder:

> Fe ddywedodd y sarff o'r dechre
> Y bydde dynion megis duwie.

Dywed Rhiannon Ifans fod Twm yn wahanol i'r anterliwtwyr eraill, gan fod ganddo safbwynt athronyddol, ac roedd lliw Methodistiaeth yn drwm arno. Mae ei ymwybyddiaeth o 'nefoedd' ac 'uffern' yn dyfnhau fel y mae ei gonsárn moesol yn dwysáu. "Nid oes, efallai, gymaint o sôn am ffydd yng Nghrist ag sydd o sôn am weithio allan y ffydd honno yn ofn Duw ac mewn cariad tuag at gyd-ddyn."[57]

Yn *Pleser a Gofid* (Rhagrith a Balchder) dywed yr awdur ar y wynebddalen: "At ba un y dangosir cyflwr cybydd-dod yn cymryd arno enw crefydd er mwyn cuddio'i dwyll a'i ragrith, ac yn y diwedd yr ymddengys ei ddull truenus mewn anobaith". Fel hyn y daw'r anterliwt i ben:

> Tra fo dyn yn gweled ei weithred yn wych,
> A'i serch ato'i hunan mewn anian ddi-nych,
> Ni ddichon gael bywyd o'r Ysbryd a'i rym,
> Nes byddo i'w ddyn pechod ef ddarfod i ddim.
>
> I'r dim fel plant bychain, heb bechod na chas,
> Yn dlodion drylliedig, sychedig am ras,
> I adnabod a chredu gair Iesu'n gu rym,
> Amen yn dragywydd, ni dderfydd ef ddim.

A allasai unrhyw bregethwr ddywedyd yn amgenach?

Mae cybydd-dod – "Y trachwant sydd yn trechu ac yn bachu pob dyn byw" – yn gocyn hitio yn yr anterliwt nesaf hefyd, *Cybydd-dod ac Oferedd*. Yn wyneb "Hen effaith codwm Adda" anogir pawb ohonom: "Ein holi'n hunain yn ddiamgen a ddylem oll trwy Dduw."

Defnyddio *Gweledigaeth Cwrs y Byd* Elis Wynne a wna Twm yn *Y Farddoneg Fabilonaidd* (Balchder, Pleser ac Elw). Dyma gysylltu Twm yn uniongyrchol â dychan y gŵr o Lasynys. Geiriau clo'r anterliwt yw'r nodyn efengylaidd hwn:

> Y galon yw'r gwaelod, pob pechod sydd ynddi'n byw,
> Gweddïwn yn ddiwyd am newid hon yn NUW.

Yn *Bannau y Byd* (neu "Creglais o'r groglofft") ceir sylwadau pellach "ar gwrs y byd a'r llygredigaeth sydd ynddo; ac yn ganlynol yng nghylch y gwrthddadlau sydd rhwng crefyddwyr yn bresennol." Bu'r anterliwt hon yn baratoad ar gyfer y Dr Lewis Edwards a John Jones, Tal-y-sarn, a lwyddodd i droi crefyddwyr oddi wrth y cecru crefyddol. Yn yr anterliwt mae'r Bardd yn gweld fod crefyddwyr wedi troi oddi wrth eu priod waith o bregethu fel yn y dyddiau gynt tuag at ddadlau di-fudd:

> Ond weli hi heddyw i'r gwrthwyneb yn byw,
> Nad oes odid gi hynod yn symud ei dafod,
> Oddieithr ambell un llyfred sy'n cyfarth o'i orwedd,
> Neu'n chwyrnu'n ei genel rhyngddo fo a'r cythrel.

Ar y diwedd ceir y rhybudd hwn:

> I neb sydd yn gorphwys mewn capel neu eglwys
> Fod a'u serch yn gywrain arnynt eu hunain,
> Ond pwys a'u serch dyfal ar yr hwn allo'u cynnal.

Yn *Cyfoeth a Thlodi* (Dwfr, Tân, Awyr a Daear) yn ôl Hywel Dordyn, y Cybydd, y wers yw:

> O chwi sy'n chwerthin yn eich dyrne,
> Ceisiwch feddwl am eich siwrne;
> Ni cheiff y balcha', gwycha'u gwedd,
> Ddiengyd o wined angau.

A'r cyngor i bob un yn ôl yr epilog:

> Cymered pawb mewn pwyll,
> Wirionedd Duw heb dwyll,
> Yn gannwyll gu.

Mari Lewis yn *Rhys Lewis* Daniel Owen ("Y Pwnc o Addysg") sydd yn dweud, "Gresyn na fuasai Thomas wedi cael gras" ar ôl iddi ddyfynnu Twm o'r Nant mewn perthynas â Mr Brown y person gan ychwanegu, "Er nad oedd Tomos y peth dylse fo fod, yr oedd o yn ei hitio hi yn o lew".[58] Mae O. Ll. Owain (Llew Tegid) yn crynhoi ei gyfraniad wrth ei ddisgrifio yn "fardd y gwan, bardd y gorthrymedig, ceryddwr twyll, dadlennwr ffug a ffrewyllwr trais a gormes",[59] ac yn ei gyfrol, *Hanes y Ddrama yng Nghymru 1850-1943*, cred yr awdur mai ymosod ar ragrith crefydd a chymdeithas a wnaeth Twm. Ni allai gau ei lygaid ar y twyll, y gormes, a'r trahauster oedd yn mwydo cymdeithas ac yn tanseilio grym bywyd crefyddol y cyfnod. Defnyddiodd ei ddawn gref i ddifa'r cancr. A sylw gogleisiol yw hwnnw am yr arweinwyr crefyddol a dybiai mai ymosod arnyn nhw am eu darbodaeth a wnâi wrth ymosod ar gybyddion a chribddeilwyr. Medrai drywanu hyd at yr asgwrn.[60] Yn wir, mae ganddo anterliwt yn dwyn y teitl *Hypocrisia*. Do, fe wnaed cam mawr â Twm wrth i'w feirniaid Methodistaidd ei gyhuddo o anlladrwydd.[61]

Bydd rhai, efallai, yn synnu fod gan John Elias o Fôn barch mawr at Twm o'r Nant, er ei fod ef ei hun yn fwy cyfrifol na neb ymysg yr ail genhedlaeth o Fethodistiaid i ddiddymu'r anterliwt. Ef oedd pensaer *Cyffes Ffydd y Methodistiaid* a luniwyd yn 1823 yn Aberystwyth. Yn ôl Rheol VI mae'r Methodist yn ymrwymo "i ymwrthod â phob llwybr pechadurus a gwaradwyddus, croes i Air Duw ac i harddwch Cristnogol, gan ymadael â gorwagedd y byd a'i droeon llygredig, megys cymdeithasau oferwag, gwylmabsantau, dawnsiau, chwareuyddiaethau, gloddesta, cyfeddach, diota a'r cyffelyb" (2 Corinthiaid 6:7; Rhufeiniaid 12:2; 1 Corinthiaid 10:31; Effesiaid 5:4–7, 18; 1 Pedr 4:3; Eseia 5:22; Titus 2:11–12). Os edrychir ar gyfieithiad William Morgan, yr hyn a geir yn Effesiaid 5:4 yw "serthedd, ymadrodd ffôl a choeg-ddigrifwch", ond yr hyn a geir yn y Beibl Cymraeg Newydd yw "cleber ffôl a siarad gwamal".

Cyn y Pasg yn 1802, clywodd Elias fod anterliwt i'w pherfformio dros yr ŵyl yn Llanrhuddlad, Môn, gan gwmni lleol. Pregethodd yn ei herbyn ar y Sul blaenorol gan godi arswyd a braw ar bob un. Ataliwyd y perfformiadau, er mai anterliwt Feiblaidd oedd hi yn dwyn y teitl *Jacob ac Esau*. Dadl Elias ar y pryd oedd fod "chwaeth y lliaws" yn ei farn ef "yn isel a barbaraidd", a chredai y buasai'r chwarae'n rhoi argraff ddrwg ar feddyliau a chymeriadau'r ardalwyr.[62] Yn eironig iawn, ni ellid meddwl am bregethwr mwy dramatig na John Elias ei hun.

Bu drama'r pulpud yn fodd i ladd drama'r drol.

PREGETH, YMDDIDDAN
AC EGIN-DDRAMA

Ymddangosodd y ddrama ar ei newydd wedd yn y pulpud ac yn y sêt fawr, ac ar achlysuron arbennig yn yr awyr agored. Ffynhonnell y ddrama oedd y Beibl – yn bregethau, yn straeon ac yn egwyddorion.

Pregeth

Ni cheir gwell enghraifft o'r ddawn ddramatig yn y pulpud na dawn John Elias o Fôn ac y mae ei bregeth 'Gwerthu'r Meddwon' yn Sasiwn yr Hydref yng Nghaergybi yn 1824 yn enghraifft glasurol o'r ddawn honno. Ar ôl disgrifio'n grefftus-ddramatig "character" y Methodistiaid tlodion mae'n annog y meddwon i beidio â thorri'r "character" hwnnw:

> "Nid ydym yn gyfoethog; nid ydym yn ddysgedig, nid ydym yn ddoniol; nid oes gennym deitlau uchel; ni feddwn ni neb mewn awdurdod fawr. Ond mae gennym ein character; nid ydym, os gallwn, am adael i neb dorri ein character. Ac y mae meddwon y sasiynau yma am dorri ein character. A'n dilyn ni, y methodistiaid tlodion, y maen nhw. Beth wnawn ni ohonyn nhw frodyr?"

Yna mae'n penderfynu eu rhoi ar ocsiwn a'u cynnig yn eu tro i wahanol enwadau. Yna ar uchaf ei lais, gan estyn ei fraich allan, ac fel pe buasai yn eu dal yn ei law, fe waeddai,

"Pwy a'u cymer nhw? Pwy a'u cymer nhw? Eglwyswyr, a gymrwch chi nhw?

"Nyni! Yr ydym ni yn ein bedydd yn proffesu ymwrthod â'r diafol a'i holl weithredoedd. Na, chymerwn ni m'onyn nhw."

"Independiaid, a gymrwch chi nhw? Na, ni chymerwn ni nhw? Beth? Nyni! Yr ydym ni ers llawer oes wedi gadael Eglwys Loegr oblegid ei llygredigaeth, ni chymerwn ni nhw."

Yna ychydig ddistawrwydd. Ond gyda'i fraich allan, gwaeddai drachefn,

"Fedyddwyr, a gymerwch chwi nhw? Nyni! Yr ydym ni yn trochi ein pobl ni i gyd mewn dwfr, i ddangos mai rhai glân a gymerwn ni. Ni chymerwn ni m'onyn nhw."

Yna, ar ôl distawrwydd, gwaeddodd: "Wesleaid, a gymerwch chwi nhw? Beth? Nyni! Y mae gweithredoedd da yn bwnc bywyd gennym ni, ni fynnwn ni m'onyn nhw."

Yna dyna fo yn estyn ei law allan, ac fel pe buasai yn eu dal ynddi, yn troi ei olwg o gylch y dorf, ac yn gweiddi â nerth uchaf ei lais: "Pwy a'u cymer nhw? Pwy a'u cymer nhw? Pwy a'u cymer nhw? Braidd na chlywn i'r cythraul wrth fy mhenelin i yn dywedyd, "Tarewch nhw i mi, mi cym'ra i nhw."

Yna cododd John Elias ei lygaid i fyny ac â golwg sobr, difrifol arno, ac yn edrych o'i gwmpas am tua chwarter munud heb ddweud gair. Ond dyna fe yn troi at ei ochr aswy, gan ysgwyd bys blaenaf ei law dde ac yn gweiddi gyda nerth mawr, nes oedd ei lais mawr yn

John Elias

diasbedain, "Yr oeddwn i'n mynd i ddweud, ddiawl, y caet ti nhw, ond,"

Gan godi ei olygon, a thaflu ei law i fyny tua'r nefoedd, a gyda llais buddugoliaethus, yn llefain,

"Mi glywaf Iesu'n gweiddi, "Mi cymra i nhw; mi cymra i nhw; mi cymra i nhw – yn aflan i'w golchi; yn feddwon i'w sobri; yn eu holl fudreddi i'w glanhau am waed fy hun."[63]

Yn ôl O. Llew Owain, ystyrid pregeth Christmas Evans ar Grist yn gyrru allan yr ysbryd aflan o'r dyn yn un o'r darnau mwyaf dramatig a bregethwyd o bulpud erioed.[64] Roedd ei bregeth ar y mab afradlon yn bur ddramatig hefyd, digon dramatig i'r Parchedig Newcome, Warden Rhuthun, ddweud yn ei lediaith Seisnig wedi iddo glywed o ddrws ei gartref Christmas Evans yn pregethu'r bregeth honno ar un o'r dolydd gerllaw: "Fi 'di clywed y mab afradlon o'r blaen. Fi 'di gweld o rŵan." Onid oedd Charles Dickens ar ddiwrnod poeth yn haf 1852 wedi ei gyfareddu'n llwyr gan bregeth y Dr Owen Thomas er na ddeallai'r un gair ohoni? Yna mynegodd Howard de Walden y rheswm dros farwolaeth yr anterliwt a'r ffaith nad oedd mwyach ddrama yng Nghymru, "because the pulpit supplied all the drama that was necessary".[65]

Ymddiddan

Nid trwy'r pulpud yn unig y dôi drama i fywyd pobl Cymru yn y cyfnod hwn, oherwydd bu'r twf yn y Mudiad Dirwest yn nhridegau'r bedwaredd ganrif ar bymtheg yn fodd i sefydlu'r ymddiddan neu'r ddeialog ar ffurf dadl fel arf dirwestol. Sefydlwyd y Band of Hope lle y cynhelid dadleuon dros ddirwest ac yn ei erbyn: Y Dirwestwr a'r Cymedrolwr; Y Meddwyn a'i Wraig; Y Ffynnon a'r Baril Gwrw; Y Bachgen a'r Botel; Y Dirwestwr a'r Gwrth-ddirwestwr; ac ati. Pan sefydlwyd *Trysorfa'r Plant* gan Thomas Levi, darparai ddadleuon ar gyfer y plant. Enghraifft o ddadl nodweddiadol yw 'Dadl y Bechgyn' sy'n rhoi tri rheswm dros lwyddiant dirwest (y dynion gorau drosto, yfed yn amharchus a llwyddiant y Mudiad Dirwest). Ceir dadl arall 'Dadl y Dynion' sy'n rhoi tri rheswm dros ei fethiant (cuddio tu ôl i'r gyfraith, gwahanu crefydd a dirwest a diffyg cefnogaeth ariannol). Yn raddol, dros y blynyddoedd, daeth pynciau eraill i'r maes: ariangarwch (Y Bunt a'r Geiniog); balchder (Y Dderwen a'r Frwynen) ac ati. Bu'r datblygiad hwn yn allweddol i hyrwyddo llefaru, dadlau a sgwennu deialog.

Nid oedd y datblygiad hwn yn gyfyngedig i'r Mudiad Dirwest. Ceid ymddiddanion yn y cylchgronau amrywiol eraill oedd ar gael yn y cyfnod. Byddai'r ymddiddanion hynny'n seiliedig ar bynciau'r dydd, ond gwersi moesol a chrefyddol oedd eu byrdwn. Dyna ddull William Davies (Grawerth) yn 1838 yn ei gylchgrawn *Telyn Aur Glan Tâf*: ymddiddan rhwng mab a merch, rhwng bardd ac ehedydd ac ati. Daeth y dull hwn i sylw'r *Haul* yn 1843. Ni chyfyngid yr ymddiddanion hyn i ddau neu ddwy ychwaith. Yn yr un cylchgrawn, yn lle llunio traethawd ar 'Foddion Gras' penderfynodd Ioan o Geredigion lunio ymddiddan rhwng gweinidog a gwrandäwr. Yn ei gyfrol *Y Seren* mae John Williams o Landdeusant, Môn, yn defnyddio ymddiddan rhwng dau i bwrpas crefyddol: Cristion a'r Bydol-ddyn; Y Cristion a'r Meddwyn; Y Cristion a'r Oedrannus, ac ati. Caed yn *Y Traethodydd* 1845 ymddiddan ar y thema 'Tangnefedd' gan Lewis Jones. Y cyfoethocaf ei gyfraniad yn y maes oedd y Parch. John Roberts (J.R.), Conwy, gyda'r *Cronicl Bach*. Pe byddid wedi galw'r ymddiddanion hyn yn ddramâu, yn ôl O. Ll. Owain byddai drws crefydd wedi cau yn glep arnynt. Ond yn y ffordd hon y llusgwyd y dramatig yn ddiarwybod megis i dir parchusrwydd ac i awyrgylch y saint. Nid dramâu mohonynt ond y mae dyled y ddrama yng Nghymru yn fawr i'r ymddiddanion hyn.

Rhwng 1871 ac 1880 caed cyfnod blodeuog Urdd y Temlwyr Da. Sefydlwyd yr Urdd yn 1871, gyda mwy na 360 o ganghennau a thros 30,000 o aelodau. Y bwriad oedd adfer talentau Cymru a gwympodd i'r ffos, er budd crefydd a chymdeithas. Un cyfrwng ymysg eraill o achub y cwympedig rai wrth ymarfer eu doniau oedd y "temperance dialogues" i ddau a thri a phedwar aelod. Buan y tyfodd yr ymddiddanion hyn i fod yn ddramâu. Yn eu cylchgrawn *Y Temlydd Cymreig* (*Y Dyngarwr* wedyn), cyhoeddid dramâu hir a byrion. Ymhlith eu hawduron enwocaf oedd Hywel Cernyw Williams, Thomas Levi, Emrys ac, wrth gwrs, J.R., Conwy. Roedd gan y temlwyr eu cwmnïau drama eu hunain yn y cyfnod hwn yn perfformio dramâu i sobri'r Cymry a'u hadfer. *Prawf Sion Heidden* oedd un o'r dramâu hyn. Daeth y ddrama ddirwestol hon o America yn wreiddiol a chyfieithwyd hi i'r Gymraeg mor bell yn ôl ag 1838 gan John Dolbey. Un arall a berfformid oedd *Prawf Syr Grog* o waith Hugh Jones, Bryndu, Môn.

Egin-ddrama

Y beirdd oedd ar y blaen wrth arloesi ym myd y ddrama. Yn 1845 cyhoeddodd Ieuan o Leyn gyfieithiad o'r ail olygfa o *Dewines Endor*, drama fydryddol gan R. A. Vaughan, Manceinion, ac yn 1847 yn *Y Traethodydd* ceir drama fydryddol gan Eben Fardd, sef *Cleopiad* a oedd yn seiliedig ar y digwyddiadau ar y ffordd i Emaus. Dyma ddyfyniad o'i waith lle mae Cleopas yn holi'r dieithryn (Crist):

Cleopas: Ah! deithydd, o ba le y daethost?
          Ai dyeithr i ti'r weithred dost,
          A seliodd dynged Salem,
          Y Llys – y groes! – y loes lem!
          Ai ti, o bawb, wyt heb wybod
          Hanes o barth yr hyn sy'n bod?
          Y pethau –
Crist   – Pa bethau? – beth?

Lluniodd R. J. Derfel wawdgerdd dair act mewn ymateb i Frad y Llyfrau Gleision 1846/7. Honnir ei bod yn ddigrif i'w darllen ac yn dra deifiol ar adegau – 197 tudalen mewn llythrennau mân. Yn 1853, cyhoeddwyd *Caniad Solomon*, drama mewn pum golygfa ar gyfer priodfab, priodferch, gwragedd a chyfeillion. Caed nifer o'r hyn a elwid yn chwarae-gerddi (*Y Mab Afradlon* gan y Parch David Jones, Caernarfon), cerdd-ddrama (*Elias ar Ben Carmel* gan Margaret Davies, Aberteifi, buddugol yn Eisteddfod Genedlaethol Llanelli yn 1856), a drama-gerdd (*Crist yn Marchogaeth i Jerwsalem* gan Nicander yn *Y Traethodydd* 1860).

Er hynny, yn 1855 yn *Y Traethodydd*, mae cofiannydd Ann Griffiths, Morris Davies, yn datgan heb flewyn ar ei dafod, mai "dynion wedi colli Duw" oedd y rhai a oedd yn cyboli efo drama. Yn yr *Eurgrawn Wesleaidd* 1855, mae D.D. yn condemnio'r chwaraedai am eu bod yn "llygru y meddwl ac yn dinistrio ysbryd crefyddol". Ychwanegodd: "Wedi myned heibio oddi wrth mummery a mimicry y chwaraedai, gyda'u golygfeydd anfoesol, eu dawnsiadau yn eich llygaid, gyda'u geiriau llygredig yn swnio'n groch yn eich clustiau, a'u sibrwdiadau aflan yn eich meddwl, pwy fyddai yn foddlon i farw yn y sefyllfa honno?"

Cyhoeddiad arall oedd yn allweddol i ddatblygiad y ddrama yn y cyfnod hwn oedd *Punch Cymraeg* yn 1858 o dan law Lewis Jones ac Evan Jones, Caernarfon (Y Parchedig wedyn). Ceid dramâu miniog a deifiol yn ysbryd Twm o'r Nant yn y cylchgrawn hwn yn ôl O. Ll. Owain.[66] Caed dwy chwarae-gerdd yn seiliedig ar Lyfr Job, y naill gan Watcyn Wyn a'r llall gan Hywel Cernyw Williams. Ond rhaid peidio ag anghofio drama fydryddol Dr Pan Jones ar hanes ei enwad rhwng 1862 ac 1879 yn ymwneud â helynt y cyfansoddiadau, sef *Y Dydd Hwn – Annibyniaeth yn Symud fel Cranc*, a gyfansoddwyd yn 1880. Tipyn o deitl. Gwatwar mewn dull anhygoel o afrosgo gynllwyn-ion pleidwyr y Cyfansoddiad Newydd a wna yn ôl Elsbeth Evans.[67] Diddorol yw nodi mai gweinidogion dan enwau ffug oedd y mwyafrif o'r cymeriadau, megis Tanymarian (Bwrlwm), S.R. (Sam Patmos) ac ati.

Caed cyfieithiad o ran o *Henry IV*, Shakespeare, gan Pedr Mostyn, a enillodd wobr iddo yn Eisteddfod Aberffraw yn 1849. Roedd 1864 yn flwyddyn nodedig yn natblygiad y ddrama. Mewn ysgrif dan y teitl 'Trichanmlwyddiant Shakespeare a Chalfin' caed cyfieithiad o'r drydedd act o Julius Caesar gan Daniel

Rowlands M.A., Bangor, yn *Y Traethodydd*. Nid oedd unrhyw fwriad i'w pherfformio, gan mai dangos cyfoeth meddwl y dramodydd oedd yr unig amcan. Ar yr un achlysur caed cystadleuaeth yn Eisteddfod Llandudno yn cynnig gwobr yn rhoddedig gan Edwin Lander, Birmingham, am gyfieithiad o *Hamlet* i'r Gymraeg. David Griffith, argraffydd o Dreffynnon, oedd y buddugol ac fe gyhoeddwyd y cyfieithiad yn *Yr Eisteddfod* (Gaeaf, Rhif 6), 105 tudalen mewn llythrennau mân. Yn 1867 caed cyfieithiad o *Echelog*, Fyrsil, gan Ioan Pedr. Ymddiddanion rhwng bugeiliaid oedd y rhain. Yn y ganrif flaenorol caed bugeilgerdd, ymddiddan rhwng dau fugail, Meurig a Gruffydd, gan Edward Richard y bardd ac ysgolhaig clasurol a oedd yn hyddysg yng ngweithiau Fyrsil. Arwyddocaol wedyn yw'r gystadleuaeth ddrama yn Eisteddfod Treherbert, 1868: Drama Gysegredig ar *Adeiladu Jerwsalem a'r Deml ar ddychweliad yr Iddewon o Gaethiwed Babilon*. Am deitl! Y buddugol oedd Gurnos a gyfansoddodd ddrama fydryddol ar gyfer 21 o gymeriadau.

Un a faged yn yr awyrgylch hwn, Beriah Gwynfe Evans, newyddiadurwr a mab i weinidog gyda'r Annibynwyr, yn anad neb, a'n dwg i'r cyfnod modern gyda genedigaeth y ddrama lwyfan yng Nghymru.

LLUN, LLIW A LLAIS

Un o atgofion cyntaf Beriah Gwynfe Evans oedd perfformio Jonah, allan o'r *Ymddiddanion* (J.R., Conwy) yng nghapel Cendl, yn 1858. Cofia am lwyfan o flaen y pulpud ac am ddau longwr yn taflu Jonah i'r môr dros astell y pulpud. "Rhyfeddod crefyddol" oedd hyn yng nghapel Cendl ac "nid drama plant y tywyllwch".[68]

Yng nghyfnod Beriah, daeth y Ddrama Ysgrythurol a'r Ddrama Hanesyddol i'w bri. Caed cyfieithiad yn 1891 o *The Passion Play* (Oberammergau) i'r Gymraeg gan Pan Jones wedi iddo ei gweld flwyddyn ynghynt – 19 pennod i gyd. *Grisiau'r Groes* oedd y teitl a roes ef iddi. Mae ei ymateb ef i'r ddrama hon yn dra diddorol ac arwyddocaol:

> Yr oedd yr olwg arno yn ddigon i bensynnu dyn, a pho fwyaf y meddylwyf am dano, mwyaf i gyd wyf yn ei edmygu ... Yr oeddym yno mewn gwlad hollol Babyddol, ynghanol Pabyddion, ond pob peth yn cael ei ddwyn ymlaen fel Iddewon a Rhufeiniaid a 'Iesu' yn gweinyddu'r Cymundeb mor syml a phe buasem mewn capel Annibynnol. Cefais yno oleuni ar rai o amgylchiadau'r Croeshoeliad nad oeddwn erioed o'r blaen wedi gallu eu cysoni. (*Cwrs y Byd*, Ionawr 1891, gol. E. Pan Jones)[69]

Un o'r uchafbwyntiau yn y maes hwn o safbwynt y Beibl oedd *Moses o'r Cawell i'r Môr Coch* gan Pedr Hir. Un o nodweddion amlycaf y cyfansoddiad hwn oedd llunio deialog i'r cymeriadau

Beiblaidd fel yr oedd pobl gyffredin yn siarad yn y cyfnod hwnnw a'r ddeialog oedd yn dadlennu'r wybodaeth berthnasol i rediad y stori heb gymorth corws nac adroddwr i lenwi'r bylchau yn yr hanes fel a geid yn yr hen anterliwtiau. Nid y cynnwys yn unig oedd yn bwysig bellach ond hefyd y grefft o gyflwyno'r cynnwys i bwrpas drama effeithiol. Dyma hanes Moses yn cyfarfod Zephora y tu allan i babell ei thad:

Moses: Beth yw enw eich chwaer hynaf?
Chwaer: Zephora. Y mae rhywbeth yn od ar Zephora heddiw – ddoe hi ddim gyda mi i'ch nôl chwi.
Moses: Y mae rhywbeth yn od arnaf finnau hefyd.
Chwaer: Beth ydi'ch enw chi, syr?
Moses: Moses:
Chwaer: O, wel (*cyrraedd y drws*). Moses ydi'i enw fo Zephora. (*Zephora yn cilwgu arni*) Yr oedd arnat ti eisiau gwybod on'doedd?

Dengys hyn duedd newydd ac iach i ddod â'r ddrama yn nes at y bobl, a'r arddull yn werinol a chartrefol. Roedd greddf y dramodydd yn mynd yn gryfach na greddf y cyfaddaswr. Y cymeriadu a'r ddeialog ddadlennol lafar oedd cryfder ysgrifennu Pedr Hir.

Roedd diddordeb Beiblaidd Beriah yn yr hanesyddol a'r pasiantol. Roedd ei gymeriadau'n arwynebol, ei farddoniaeth yn ddiawen, ei areithiau'n ymfflamychol, ond roedd yn feistr ar y grefft o lwyfannu. Ef oedd

Beriah Gwynfe Evans

enillydd y gystadleuaeth ar gyfansoddi drama yn null Shakespeare yn Eisteddfod y De, Caerdydd, ac yn Eisteddfod Gadeiriol Eryri, Llanberis, yn 1879 gyda'r un ddrama, sef *Gwrthryfel Owain Glyndŵr*. Gofynnai'r gystadleuaeth am "y ddrama Gymraeg orau yn null Shakespeare". Gellir olrhain dechrau'r ddrama lwyfan i'r digwyddiadau hyn. Teg yw cofio am gefndir y gystadleuaeth yn Eisteddfod Eryri. Yn Llanberis roedd yna griw o bobl yn ymddiddori yn nramâu Shakespeare, yn eu trafod, a hefyd yn ymarfer rhai rhannau ohonynt o dan arweiniad R. E. Jones (Cyngar), brodor o Langefni, Ynys Môn. Hwy oedd yn gyfrifol am y gystadleuaeth a T. E. Jones, un o aelodau ifanc y criw, oedd yn gyfrifol am gynnig £10 yn wobr. Wedi cael drama fuddugol, yr her bellach oedd codi cwmni i'w pherfformio. Caed cwmni a bu'r cwmni yn teithio yn ystod 1881. Dyma, hyd y gwyddys, y ddrama Gymraeg gyntaf i gael ei pherfformio. Un o'r prif actorion oedd ap Glaslyn (John Owen). Aeth ef â chriw o gyffelyb anian i weld drama mewn theatr yn Lerpwl unwaith, ond wedi dychwelyd, cawsant eu dwyn i gyfrif gerbron yr awdurdodau eglwysig ac fe ddiarddelwyd rhai ohonynt. Atgyfodwyd Cwmni Llanberis deirgwaith yn ystod yr wythdegau ac addaswyd *Enoc Huws* (Daniel Owen) ar gyfer y llwyfan a chyfieithwyd *Tŷ Dol* (Ibsen) am y tro cyntaf ar eu cyfer.

Bu Beriah yn un o'r arloeswr dewr yn y cyfnod hwn yn wyneb ystyfnigrwydd yr awdurdodau crefyddol. Cyfansoddai a chyhoeddai ddramâu yn ei gylchgrawn, *Cyfaill yr Aelwyd*, a bu o gymorth yn sefydlu cwmnïau ac yn hael ei gefnogaeth i'r ifanc. Ef oedd y cyntaf i roi sylfeini i'r grefft o berfformio drama. Pedwar ban ei bregeth oedd:

(i) Ymarfer y symudiadau o'r cychwyn. (Mae'r symudiadau a'r llefaru gyda'i gilydd yn porthi'r cof.)

(ii) Bod yn naturiol. (Mae gwahaniaeth rhwng adrodd ac actio.)

(iii) Peidio â bod yn ddelwau. (Yn arbennig pan na fo'r actor yn llefaru.)

(iv) Peidio â chuddio'r naill a'r llall oddi wrth y gynulleidfa. I'r diben hwn, roedd yn bwysig bod y cyfarwyddwr yn y gynulleidfa.[70]

Nodir yn *Y Cymro* (31 Hydref 1942) fod cannoedd wedi eu diarddel o'r eglwysi yn 1882/3 am actio a chwarae drama, ond hwyrach fod T. J. Williams yn ei *Hanes y Ddrama Gymreig* yn nes ati wrth sôn am "nifer mawr".[71] Ymddengys nad oedd y sefydliadau crefyddol yn aeddfed ar gyfer y ddrama lwyfan. Yn Ebrill 1887, yn Sasiwn Corwen, anghymeradwywyd un cwmni drama am deithio'r wlad yn cyflwyno addasiad dramatig o *Rhys Lewis* (Daniel Owen). Credir mai cyfeirio a wneir at Gwmni Trefriw a sefydlwyd yn 1886 – y cwmni trwyddedig cyntaf yn ôl ap Glaslyn a oedd ei hun yn gysylltiedig â'r cwmni hwn erbyn hyn. Dywed Elsbeth Evans mai helynt yr hawlfraint oedd y tu ôl i hyn.[72] Teithiasant Gymru gyfan benbaladr gan dreulio wythnos gron gyfan ar Ynys Môn, o 22 hyd 28 Chwefror 1887 a pherfformio yng Nghaergybi, Llangefni, Llannerchymedd, Amlwch a Biwmares. Pan benderfynwyd llunio datganiad yn erbyn y cwmni yn Sasiwn Corwen, roedd y cwmni yn y de ar y pryd, a chadwodd y tyrfaoedd draw. Troes y cwmni wedyn at gyngherddau a chyfarfodydd dirwestol er mwyn clirio'r costau cynnal a theithio'n ôl. Adwaith i Sasiwn Corwen oedd sefydlu cwmni yn y Bala i gyflwyno *Rhys Lewis*. Ceir tystiolaeth fod y myfyrwyr ar gyfer y weinidogaeth yn y Bala wedi cymryd at y ddrama ac at *Rhys Lewis* ond, mewn gwirionedd, nid yn Rhys Lewis ei hun oedd y diddordeb ond yng nghampau a ffraethineb Wil Bryan! Anodd yw deall y rhwyg ym meddwl y Cymro Cymraeg crefyddol oedd yn darllen *Rhys Lewis* yn awchus yn *Y Drysorfa* gyfundebol, barchus ond yna'n condemnio ei hactio ar lwyfan! Ac wedi'r cwbl onid hunangofiant gweinidog dychmygol Bethel oedd ei chynnwys?

Bu cwmni Trefriw yn symbyliad i sefydlu cwmnïau eraill ledled y wlad. Rhoes y cwmni rodd o £40 at y capel, er bod un blaenor duwiol yn anhapus iawn ynghylch hynny, oherwydd nad oedd yn hapus efo'r dull hwnnw o gynnal yr Achos. Credai ei fod yn ddull annheilwng a phechadurus ac felly yn llygru'r Deml. Roedd Syr Henry Jones, Llangernyw, yn gefnogwr brwd i'r cwmni. Caed cwmni cyffelyb yn Nhreffynnon o dan arweiniad J. M. Edwards (brawd O.M.). Gyda'r perfformiad cyntaf, bwriadwyd cyflwyno'r elw at Lyfrgell Eglwys Clwyd Street, y Rhyl, ond gwrthodwyd y cynnig gan yr eglwys. Cofiai J.M. ddagrau didwyll hen flaenor a gododd ei ddwylo mewn braw gyda'r fath awgrym. Roedd Cwmni Sciwen yn y de yn gwneud gwaith arloesol gyda phump o'r capeli â chwmnïau eu hunain. Roedd y dramâu ysgrythurol a chrefyddol yn llifo allan o ysgrifbinnau ymhob cwr o Gymru. Ai ymdrech i wneud y ddrama yn dderbyniol, yn rhannol o leiaf, oedd hynny tybed?

Ond y cyfaddasu hwnnw o nofelau Daniel Owen oedd crud y ddrama gymdeithasol a ddisodlodd y ddrama ysgrythurol a'r ddrama hanesyddol yn y ganrif newydd. Nid ddoe oedd cynnwys y rhain, ond heddiw, nid arwyr mawr y gorffennol oedd yn cerdded y llwyfan, ond gwerin bobl y cyfnod; ac nid mewn llysoedd gwych y lleolid hwy, ond mewn ceginau gwerinol. Tyndra'r gymdeithas ar y pryd oedd y deunydd a chrefydd ymneilltuol oedd y cocyn hitio amlwg.

"Rhys Lewis" – Cwmni Trefriw

Y DDRAMA GYMDEITHASOL

Daw'r ddrama Gymraeg i'w hoed yn 1913 gyda'r perfformiad cyntaf o *Beddau'r Proffwydi* gan W. J. Gruffydd.[73] Gwnaethai ef ei feddwl yn eglur ddwy flynedd cyn hynny pan ddywedodd fod melodrama a phasiant yn wahanol i ddrama. Boddio'r llygad gyda llun a lliw a wnâi'r cyntaf trwy wneud y Beibl a Hanes Cymru yn fwy byw yn nhraddodiad y Ddrama Firagl, ond bwydo'r meddwl a wnâi'r ddrama newydd. (*Y Beirniad*, 1911) Mae'r ddrama hon felly yn ein symud oddi wrth y dramâu ysgrythurol a'r pasiantau hanesyddol a oedd mewn bri cyn hynny at ddychan a beirniadaeth. Nid y gorffennol ysgrythurol na'r gorffennol Cymreig oedd cynnwys y ddrama bellach, ond hualau ymneilltuol y presennol a oedd, yn ôl Hywel Teifi Edwards, "ar waith yn difetha bywydau".[74]

Nid oedd y ddrama hon, mwy nag eraill o'i bath, yn gymeradwy ar y cychwyn oherwydd y chwipio ar y gymdeithas grefyddol barchus, ragrithiol. Roedd gwreiddiau'r ddrama newydd yn mynd yn ôl i Ddrama Foes yr Oesoedd Canol gyda'i phwyslais ar edifeirwch a chyffes ac roedd y ddrama gymdeithasol â'i themâu yn ddatblygiad naturiol o'r addasiadau lu a gaed ar gyfer y llwyfan o nofelau Daniel Owen. Cefnwyd ar yr unigolyddiaeth ymneilltuol a chroesawyd sosialaeth. Bu Ibsen, gyda'i bwyslais ar realaeth a thrasiedi, yn ddylanwad allweddol ar y to newydd o ddramodwyr, cynnyrch yr Ysgolion Sir a'r colegau ifanc. Yn ei waith ef cafwyd dramâu a oedd yn cyflwyno'r ddrama deuluaidd fel drama fewnol yn enaid y prif gymeriad, canys ar ddigwyddiadau ac allanolion y bu prif bwyslais melodrama. Cyfraniad pwysig arall yn ôl Elsbeth Evans oedd canoli plot y ddrama o gylch gwrthdrawiad dyn a'i gymdeithas, ac er mwyn creu cydymdeimlad â theithi meddwl yr arwr bu'n rhaid dinoethi llawer o'r ffug a'r rhodres a gydiodd yn y gymdeithas yn lle moesoldeb a rheolau buchedd.[75] Rhagrith oedd un o themâu canolog nofelau Daniel Owen. Dinoethi'r rhagrith a pheri bod y cymeriadau'n wynebu'r gwirionedd amdanyn nhw eu hunain oedd amcan dramodwyr ifanc megis W. J. Gruffydd, D. T. Davies ac R. G. Berry.

Ond W. J. Gruffydd oedd y cyntaf ar y maes gyda'i ddrama *Beddau'r Proffwydi*. Ynddi mae'n portreadu'r tyndra sydd rhwng dwy haen gymdeithasol yn y capel, y werin dlawd a'r da eu byd. O blith yr olaf y ceid yr arweinwyr eglwysig – y ffermwyr bonheddig, y siopwyr a'r ysgolfeistri. Aelod ifanc, tlawd a dysgedig o'r eglwys â'i fryd ar fod yn llais dros y tlawd oedd Emrys. Roedd am fod yn un o'r proffwydi newydd. Cyhuddwyd ef ar gam o fod yn botsiar a'i garcharu. Roedd yr arweinwyr eglwysig yn ei erbyn, heblaw am Huw Bennet, y mwyaf gwerinol ohonynt. Roedd y gweinidog, hefyd, o blaid Emrys, ond aeth pleidlais yr eglwys yn ei erbyn, a'i ddiarddel a gafodd. Wedi cwblhau ei garchariad, am nad oedd anrhydedd i broffwyd yn ei wlad ei hun, mae Emrys yn gwrthryfela ac yn cefnu ar y capel – bedd y proffwyd – ac ar ei gynefin.

W. J. Gruffydd (1881–1954)

Ymhen tair blynedd daw Emrys a'r rhai a'i diarddelodd wyneb yn wyneb mewn tloty. Bu'n ffrwgwd rhyngddynt, a gyda chymorth gwn, cafodd Emrys y gwir reswm dros ei ddiarddel. Ar y pryd mi gymerodd Ann y forwyn y bai; roedd hithau hefyd yn y tloty, a dangosodd i Emrys fod ei erlidwyr yn wrthrychau tosturi. Addawodd aros am Emrys nes y deuai o'r carchar wedi iddo gael ei garcharu o achos y ffrwgwd yn y tloty. Ei gobaith yw, gan ddyfynnu o *Taith y Pererin* (J. Bunyan), "Gaiff Cristiana a Christion ddringo o'r gors hefo'i gilydd y tro yma?" Diwedda'r ddrama mewn cywair hapus, llawn gobaith. Wedi bod yn lardio am ei gynhaliaeth yng Nghanada, daw Emrys i'w hen gartref i ffermio gydag Ann a oedd yn wraig iddo erbyn hyn. Caiff groeso mawr gan Huw Bennet: "Pwy ddeudodd fod yr Arglwydd yn anghofio'r cyfiawn?" Cydnebydd Emrys ei ddyled i Ann; er iddynt ddioddef, roeddynt yn goncwerwyr, a dysgwyd Emrys i daflu'r gair "bai" allan o'i eirfa a rhoi "tosturi" yn ei le. Geiriau'r ysgrythur sydd ar wefusau Emrys pan ddisgyn y llen: "Gwyn eu byd y rhai addfwyn canys hwy a etifeddant y ddaear."

Nid Duw'r sêt fawr oedd Duw Emrys, "ond y Duw hwnnw sydd yn edrych ar ôl y rhain" – trigolion y tloty. Twm Huws, un o'r trigolion, sydd yn dweud am ei dynged ei hun: "Caredigrwydd pobl, fel y deudis i, gyrrodd fi yma. Fedra pobl grefyddol garedig y pentre ddim dodda gweld hen ddyn afiach hanner call oedd wedi bod yn rhywun parchus rywdro, yn dihoeni o flaen i llygaid nhw ... a mi ddarun y ngyrru i i'r workws."

Er mai rhesymeg trasiedi yw rhesymeg y ddrama, nid yw'r awdur yn dilyn y rhesymeg i'w phen draw. Digwydd ymyrraeth sydd yn peri bod i'r ddrama ddiwedd hapus yn hytrach na diwedd trasig. Ann y forwyn sydd yn ymyrryd yn rhagluniaethol yn y ddrama hon, ymyrraeth sydd yn ein hatgoffa o *deus ex machina* dramâu Groeg a Rhufain, ond mai ymyrraeth ddwyfol oedd honno.

Cefnwyd ar Dduw caled a digyfaddawd yr Uchel-Galfiniaid a gorseddwyd cariad a thosturi Duw yn ei le gan y proffwydi newydd. Gwelir yma adlais o ddrama Ibsen, *Brand*.[76] Brand oedd y gweinidog a ddarostyngodd ei ewyllys i Dduw cyfiawn a digyfaddawd trwy ei yrfa er gwaethaf ei ddioddefaint ei hun a dioddefaint ei deulu a'i gymdeithas o'i gwmpas hyd nes iddo, yn y diwedd, yn wyneb ei dranc ar y mynydd dan gwymp eira, weiddi mewn anobaith: "Os nad trwy f'ewyllys, pa fodd yr achubir dynolryw?" Yn sŵn y daran clywyd llais yn datgan: "Duw cariad yw."

Yn y flwyddyn ganlynol, yn 1914, cawn ddrama arall o gyffelyb anian, *Ephraim Harris* gan D. T. Davies,[77] blaenor gyda'r Methodistaid Calfinaidd yr oedd ei dad ar un adeg yn awyddus iddo fynd i'r weinidogaeth. Er iddo gyfansoddi'r ddrama cyn y Rhyfel Mawr, ar ôl y rhyfel y daeth ei ddrama'n boblogaidd ac yn un o ddramâu arwyddocaol y cyfnod newydd.

Drama ydyw yn nhafodiaith Morgannwg sydd yn dryllio Duw dialgar y sefydliad eglwysig. Methodist o hil gerdd yw Ephraim Harris, ac y mae cysgod Methodistiaeth yn drwm ar ei fywyd. Onid yw ei gyfenw yn fwy nag awgrymu mai fersiwn Howell Harris yw'r Fethodistiaeth honno yn hytrach na fersiwn Pant-ycelyn neu Daniel Rowland? Nid yw'n annhebyg chwaith i Brand (Ibsen), y gwein-idog cyfiawn digyfaddawd a welodd, wedi'i holl dreialon, gariad a thosturi Duw. Lleolir y ddrama yn gynnar yn y bedwaredd ganrif ar bymtheg mewn ffermdy mawr ym Mro Morgannwg, cartref, genhedlaeth ynghynt, a groes-awodd Howell Harris, Daniel Rowland a Whitfield ac a fu'n fan cyfarfod i un o ysgolion

D. T. Davies (1876–1962)

Griffith Jones, Llanddowror. Roedd tad Ephraim yn ddyn duwiol, yn flaenor ac yn golofn yr Achos. Roedd ei hen dad-cu ar ochr ei fam yn un o'r cynghorwyr cyntaf a'i dad-cu ar ochr ei dad wedi dioddef oherwydd ei ddaliadau.

Pan oedd Ephraim yn Llundain aeth â merch i drwbwl, ac y mae'n cyffesu hynny wrth ei fam weddw. Credai, "ma'n rhaid i'r eclws gál gwpod". Mae ei fam yn ceisio ei ddarbwyllo, ond ymateb Ephraim yw: "Wy-i wedi pechu yn erbyn y Brenin Mawr a ma cosp i ddilyn ...Wy-i wedi troseddu yn erbyn un o brif reola'r achos hefyd." Cydsyniodd Ephraim, er mwyn enw da'r teulu, i gadw'r cyfan yn dawel, er y credai, "rhaid i rwy'n attab am hyn". Ddeng mlynedd yn ddiweddarach, roedd Ephraim yn flaenor ac wedi colli dau blentyn, a cholli ei briod ar enedigaeth Morfudd. Ar garreg fedd y tri rhoes y geiriau: "Canys eiddo yr Arglwdd yw dial." Parai hyn benbleth i bobl y capel, ond i Ephraim yr oedd ei brofedigaethau yn gosb Duw am ei ymddygiad ddeng mlynedd ynghynt. Er bod ei deulu ac un blaenor arall a oedd yn gwybod y gyfrinach yn anghymeradwyo'r geiriau ar y garreg, roedd Ephraim yn dawelach ei feddwl ac ni allai lai na "plycu yn ostyngetig i'r Ewyllus (Duw). Wy-i'n meddwl macu'r ferch yn ofalus a'i chysegru i'r Arglwdd."

Ugain mlynedd yn ddiweddarach a Morfudd yn dathlu ei hun ar hugain, mae'r gweinidog ifanc "mor dduwiol, a shwt bregethwr" a'i lygaid arni gyda chymorth ei thad, ond Griff Pugh, "dyn digrefydd ... y cythral mwya annuwiol yn y pentra" yw ei dewis hi. Gorfodir Morfudd i ddewis rhwng ei chartref a Griff. Ei dewis yw Griff er i Martha, chwaer Ephraim, geisio ei pherswadio i'r gwrthwyneb er mwyn ei thad. Priodant ym Mhontypridd a chaiff Griff waith ym Merthyr. Derbyn Ephraim ei dynged, "Beth sy geni i nithir ond plycu i'r Ewyllys. Felna ôdd-hi fod." Mae Martha yn edliw iddo: "Felna ôdd-hi fod yn wir! Allsa rwyn feddwl wrth dy glwad-ti, nag os gitá'r Hollalluog ddim i nithir ond dishgwl ar d'ôl di. A thi a dy blycu, wyt-ti wedi plycu a phlycu nes bod dy enad-di'n gam!" A meddai hi am fagwraeth ei nith, Morfudd: "Chás-hi ariod fod yn blentyn gen-ti ... Fe driast-ti i chatw hi yn lân odd'wrth y byd wrth i rhwymo hi mewn Diarhepion a Salma, yr Hyfforddwr a phum llyfyr Moses." Ond i Ephraim y mae cosb Duw yn para ac "yn ymweled ag anwiredd y tadau ar y plant". Myn Ephraim ddiarddel ei ferch, ond meddai Martha, "Rhyw Dduw ryfadd iawn fysa'n gofyn i ddyn nithir 'yna." Fodd bynnag, i'w fygwth, daw Dinah, merch o'r pentref a gawsai ei diarddel am gael plentyn siawns. Os yw Ephraim am ddiarddel ei ferch, yna, mi fydd hi yn dweud y cwbl am ei orffennol ef ac yn mynnu ei fod yntau yn cael ei ddiarddel. Mi fu hi wedyn yn gofalu am yr hen flaenor oedd yn gwybod am y gyfrinach.

Hi, Dinah, un o bobl yr ymylon, sydd yn agor llygaid Ephraim. Dywed wrtho fod ganddo bechod mwy na'r hyn a ddigwyddasai ddeng mlynedd ar hugain ynghynt – eilun-addoliaeth. "Fuws dim mwy o bagan na ti ar y ddaear 'ma ariod." Aiff yn ei blaen i egluro,

> Ma dyn wedi nithir duwia o bren, o garrag, o arian ac aur, ond 'dyw rheina ddim yn dduwia sy wedi nithir llawar o ddrwg na lles yn y byd ma. Ma dyn wedi nithir duwia o gyfoeth, uchelgais, anrhydadd hefyd. Ond fe all dyn feddwl i fod-a yn addoli y gwir Dduw, Duw y Beibl os mynni-di, a oherwydd i fod-a wedi facu fel ar fel, o herwydd rwpath ddigwyddiff yn hanes i fywyd-a, – wyt-ti yn fy nilyn i? – o herwydd amgylchiata, a fe all amgylchiata fod yn gryf iawn amball waith, fe roiff dyn briodoledd idd i Dduw nes y bydd-a'n wáth eilun nag a greodd dychymyg unrhyw bagan ariod o ddim byd arall.

Rhaid dryllio'r ddelw cyn i'r ddelw ddryllio Ephraim.

Aeth Dinah i'r Seiat er mwyn ei chynnig ei hun, ac y mae'n egluro wrth un o'r blaenoriaid beth a'i cymhellodd hi i wneud hynny. Bu ar ben y twyn uwchben y pentref ac yno, wrth edrych i lawr arno, "fe sylweddolas er cymant y culni a'r celwdd, y rhagrith a'r bychandra, fod yna rhyw elfan ryfadd yn tynnu ac yn dala dynnon gita'i giddyl." Mae'r geiriau hyn i gynulleidfa grefyddol yn gwneud iddi feddwl am fryn 'arall' lle bu Iesu yn dangos ffordd arall o edrych ar y byd ac yn tynnu pawb ato'i hun. Daw Dinah, hefyd, â gwybodaeth newydd am bechod honedig Ephraim ddeng mlynedd ar hugain ynghynt. Cawsai ei dwyllo gan y ferch. Dangos iddo blentyn ei chwaer a wnaethai. A'r plentyn hwnnw yw'r gweinidog presennol. Pan ddaw Ephraim i wybod hynny, mae'r cyfan bron mynd yn drech nag ef, ond daw gwawr: "Os má na gyfiawndar, má na drugaradd." Dywed Ephraim ei fod am fynd "lan am dro i ben y bryn". Dywed Dinah wrtho nad oedd rhaid iddo fynd gan awgrymu ei fod eisoes wedi bod yno. Yr hyn a wêl hi yw "dyn yn mynd i Ferthyr nerth carna'i geffyl i moyn i grotan nol sha-thre". Disgyn y llen ar eiriau Ephraim, "Dod gyfrw ar y gasag las 'na." Roedd delw'r Duw dialgar, digyfaddawd yn yfflon racs. "Gwerth pobl yn hytrach na'u pris" yw egwyddor sylfaenol y ddrama yn ôl Hywel Teifi Edwards. Rhesymeg trasiedi sydd i hon hefyd, ond y mae ymyrraeth Dinah yn sicrhau diwedd hapus iddi.

Er bod Saunders Lewis yn edmygydd o gymeriad Ephraim Harris cyn ei dröedigaeth oherwydd ei fod yn amharod i wyro oddi wrth y llwybr a ddewisodd iddo'i hun, gostied a gostio, yr oedd yn feirniadol o D. T. Davies a'i gyfoeswyr (roedd R. G. Berry, gweinidog gyda'r Annibynwyr, yn eu plith) am eu bod trwy ymyrraeth am achub eu harwyr rhag canlyniadau eu dewis.[78] Gwelai reswm yn ildio i deimlad. Serch hynny, er ei feirniadaeth roedd yn edmygydd mawr o ddoniau D. T. Davies.[79]

Cyfieithiad Cymraeg Magdalen Morgan o ddrama Saesneg *Change* gan J. O. Francis yw *Deufor Gyfarfod*, er mai yn 1928 y cyfieithwyd hi, bymtheng mlynedd wedi iddi ymddangos gyntaf. Cyhoeddwyd y ddrama'n gyfrol gan Samuel French yn 1929. Yn y ddrama hon nid tensiynau o fewn y capel a gawn ond tensiynau o fewn y gymdeithas gyda'r hen werthoedd yn cael eu herio gan werthoedd newydd, beiddgar. Ar y parwydydd yn y ddrama hon ceir lluniau o dri arwr yr hen gymdeithas draddodiadol Gymreig a gynrychiolai'r hen werthoedd. Llun Spurgeon oedd un gyda'r anffyddiaeth newydd yn herio'r grefydd draddodiadol a

J. O. Francis (1882–1956)

gynrychiolai ef. Yr ail oedd llun Gladstone gyda sosialaeth newydd yn herio'r hen Ryddfrydiaeth yr oedd ef yn ei chynrychioli a'r llun olaf oedd llun Henry Richard gyda gwrthdaro cyfoes yn herio ei genhadaeth gymodlon yntau. Gyda J. O. Francis, felly, yr ydym yn yr ugeinfed ganrif ac ar gychwyn Cymru newydd, wahanol.

Roedd yr ymateb i'r dramâu hyn yn amrywiol. Yn ei gyfrol y mae Hywel Teifi Edwards yn tynnu ein sylw at ymatebion rhai fel y Parch. J. Tywi Jones a oedd yn awdur dramâu poblogaidd ei hun ac a ystyriai drama yn gyfrwng dilys ond iddi fod yn ymestyniad o'r Ysgol Sul a'r pulpud er hyrwyddo moesoldeb a chrefydd. Rhaid oedd i ddrama fod yn lân ac yn cyflwyno'r pur a'r dyrchafol a gwelai ef y ddrama newydd fel bygythiad. Yn wir, yr oedd yn gwrthwynebu hawl J. O. Francis i'w ddehongliad o Gymru. Ymateb y Parch. T. J. Pritchard, Gorseinion, yn dilyn Gŵyl Ddrama yn Aberdâr yn 1914, oedd:

> Nid lle yr eglwys, bid sicr, yw ymarfer a chefnogi yr hyn sydd dueddol i gynhyrfu'r teimladau anifeilaidd ... Tuedd uniongyrchol y chwareudy a'r ddrama yw lladd yr ysbryd defosiynol. Gwn fod eithriadau i'w cael. Ond prin hynod ydynt. Y rheol yw mai carwyr y ddrama a'r chwareudy yw crefyddwyr salaf a mwyaf anysprydol ein heglwysi. Lleddir yr awyddfryd am gymundeb â'r ysprydol gan bleser-gwrdd;

ac ni ddylai yr eglwysi ar un cyfrif nawddogi yr hyn sydd yn difa eu nerth, ac yn llesteirio eu hamcanion uchaf.[80]

Nid oedd yn hawdd dadwreiddio ofnau mor ddwfn ac er bod y bobl yn gyffredinol wedi cymryd at y ddrama yr oedd y sefydliad Cymreig yn ôl Hywel Teifi Edwards wedi cymryd arni ei hun gyfrifoldeb dros y genedl, am fod ganddi genhadaeth ysbrydol unigryw i'w chyflawni, sef argyhoeddi eraill, trwy esiampl, o ysblander buchedd grefyddol. Os ydym yn genedl fechan, ddarostyngedig, yr ydym yn genedl foesol, grefyddol oedd y meddylfryd Cymreig yn dilyn Brad y Llyfrau Gleision yn 1847. "We are a religious nation – more religious perhaps than any other, and so more equipped for religious work," meddai'r Parch. J. A. Morris yn ei *The Welsh Nation and its Mission* (1905).[81]

Dyfynna Hywel Teifi Edwards J. O. Francis ('The Deacon and Dramatist', *The Welsh Outlook*, 1919):
"The pre-war plays make it clear that, as far as anything was being questioned in Welsh religion, it was the sovereignty of an organization, not the basis of faith."[82] Dyna grynhoi bwriad y dramodwyr newydd. Eto, datgan D. T. Davies: "Drama like every other art, has never yet settled any social or moral issue, but it is a glorious medium for asking awkward questions."[83] Credai R. G. Berry mai trwy lenyddiaeth, ac yn aml trwy lenyddiaeth ddramatig, y daw cenedl i'w adnabod ei hun, yn ei gwendid a'i chryfderau.[84]

R. G. Berry (1869–1945)

Mae'r oll yn gysegredig oedd cri Islwyn y bardd yn y bedwaredd ganrif ar bymtheg ond, erbyn dechrau'r ugeinfed, i'r dramodwyr hyn nid oedd crefydd uwchlaw beirniadaeth a chwestiwn. Erbyn diwedd y ganrif prin nad oedd unpeth dan haul Duw yn rhy gysegredig i'r theatr ei drafod a'i gwestiynu, hyd yn oed Duw ei hun.

MEDDWL A CHALON

Yn y cyswllt hwn, oedir i drafod y chwyldro a oedd yn digwydd ynghylch pwrpas drama. Cyfeiriwyd eisoes at sylw W. J. Gruffydd ynghylch y newid pwyslais ym myd y ddrama yng Nghymru. Yn ei farn ef, nid pasiantri yn llawn lliw a llun yn apelio at y llygad oedd drama bellach, ond cyflwyniad yn apelio at y meddwl. Ond ym mha ffordd?

Yn ystod hanner cyntaf y ganrif, datblygodd y ddrama yn Ewrop yng nghefndir trafodaeth ynghylch dau fath o theatr, sef theatr a oedd yn apelio at y meddwl (rheswm) a'r theatr a oedd yn apelio at y teimlad. I Artaud (1896–1948), actor, cyfarwyddwr a damcaniaethwr drama o Ffrainc, nid cyfrwng sydd yn apelio at y glust a'r llygad yn unig yw drama, ond cyfrwng sydd yn apelio at y galon hefyd, oherwydd nad yw llais a llun yn ddigonol i gyfleu ystyr. Nid yn unig mae i sgript ei llythyren a'i llun, ond mae iddi ei hysbryd hefyd. Gwaith y cyfarwyddwr yw peri i'r sgerbwd o sgript anadlu a dod yn greadigaeth fyw. Felly, y mae mwy i ddrama na gweld a chlywed gan fod y dramodydd sydd yn apelio at y galon am i ni fod yn rhan ohoni, yn ôl Marvin Carlson.[85] Yn wir, meddai, mae safbwynt Artaud yn llinach safbwynt Aristotlys, yr athronydd Groegaidd a gredai mai *katharsis* yw pwrpas drama. Credai fod drama yn gyfrwng a oedd yn dal drych i fywyd gan roi cyfle i'r gynulleidfa ei huniaethu ei hun gyda'r cymeriadau. Mewn drama dda, yn wahanol i bantomeim, nid yw'r cydymdeimlo wedi ei gyfyngu i'r cymeriadau arwrol, oherwydd cawn ein hunain hefyd yn cydymdeimlo â'r cymeriadau atgas. Yn y ddrama drasiedi Roegaidd daw tristwch i ran y cymeriadau nid oherwydd yn gymaint eu bod wedi pechu, ond oherwydd eu bod wedi gwneud y penderfyniad anghywir mewn byd sydd ar drugaredd ffawd. Yn ôl Aristotlys, wrth i'r gynulleidfa ei huniaethu ei hun â thensiynau'r ddrama a dioddefaint y cymeriadau, byddai eneidiau yn y gynulleidfa yn cael eu carthu a'u puro. I Artaud yr oedd rheswm yn rhwystr i ddeffroad yr ysbryd mewnol. Mae'r pwyslais hwn yn gydnaws â safbwynt y rhai sy'n credu: "Religion is caught."

Dyma safbwynt sydd yn hollol wahanol i safbwynt Brecht, y dramodydd Marcsaidd. Apelio at y meddwl oedd pwrpas drama iddo ef. I'r pwrpas hwnnw rhaid oedd cadw'r gynulleidfa rhag ymdeimlo ag emosiwn a bod yn rhan o'r ddrama. Credai ef mewn creu pellter rhwng y cymeriadau ar y llwyfan a'r gynulleidfa yn y theatr a'i nod oedd creu gwrthrychedd ac ymgadw rhag ymgolli mewn goddrychedd. Haera Brecht yn ôl Carlson fod emosiwn yn cau'r drws ar reswm a'r neges Farcsaidd, ond fod rheswm yn agor y drws i'r neges honno yr oedd ef am ei rhannu â'i gynulleidfa.[86] Mae ei bwyslais ef yn taro tant gyda'r rhai sy'n credu: "Religion is taught."

Eto, roedd Artaud a Brecht fel ei gilydd yn cytuno ar un peth, sef bod drama yn gyfrwng i newid pethau. I Artaud newid yn nyfnderoedd yr enaid unigol oedd y nod, ond i Brecht yr amcan oedd newid cymdeithas. Mewnoli bywyd oedd amcan y naill, ei allanoli oedd amcan y llall. Seicoleg oedd diddordeb y naill, a hanes y llall. Efengylydd oedd y naill a gwleidydd oedd y llall.

Cawn ddau begwn, felly, y naill yn alltudio rheswm ac yn gorseddu teimlad, a'r llall yn alltudio teimlad ac yn gorseddu rheswm. Mewn gwirionedd nid yw bywyd yn fater o ochri gyda'r naill *neu*'r llall, ond yn hytrach yn gyfuniad o'r naill *a*'r llall. Cawn ddramodwyr yn rhoi blaenoriaeth i'r naill, ond heb gau'r drws ar y llall.

Un o ddramodwyr Cymru a roddodd reswm ar ei orsedd wrth

gyfansoddi dramâu oedd Saunders Lewis gan iddo ddewis llwybr cwbl wahanol i Ibsen ac awduron y ddrama gymdeithasol yng Nghymru.

Dywedodd Saunders mewn darlith wrth drafod gwaith Ann Griffiths mai act o ffydd yw credu mewn rheswm.[87] Cri Pascal, "Mentrwch gredu bod Duw", oedd ei ysbrydoliaeth yn ôl Bruce Griffiths yn ei ysgrif 'Cip ar Saunders Lewis'.[88] Mewn geiriau eraill, betio fod Duw a byw yn gyson â hynny doed a ddêl. Rheswm yw sail tröedigaeth i Saunders Lewis ac nid emosiwn. Gwêl Bruce Griffiths y fargen hon fel elfen waelodol yn ei ddramâu. Yn arwyddocaol, un o gymeriadau ei ddrama *Cymru Fydd* yw Bet, sy'n cario plentyn Dewi, mab afradlon y ficer.[89] Nid oes angen egluro arwyddocâd ei enw ef. Rhoes Bet ei harian ar Dduw a Chymru doed a ddêl, ond anffyddiaeth ac anffyddlondeb doed a ddêl oedd dewis Dewi. Wedi i Saunders wneud ei fet, roedd diwinyddiaeth Awstin a Chalfin yn bwysig iddo, yn grefyddol ac yn wleidyddol, ond nid yw, fel Brecht, yn cau'r drws yn llwyr ar emosiwn yn ei ddramâu. I Saunders Lewis rhywbeth oedd hwnnw a ddeuai yn sgil rheswm ac a oedd yn ddarostyngedig iddo bob amser. Cysylltai reswm â chadernid, a chysylltai deimlad dilyffethair â meddalwch. Yn ei ddrama *Siwan* mae Llywelyn Fawr yn cynrychioli rheswm, trefn, traddodiad ac adeiladu teyrnas, ond mae ei briod, Siwan, yn cynrychioli serch

J. Saunders Lewis

rhamantus a theimlad afradlon.[90] I Saunders rheswm yw'r graig y dylid adeiladu arni. Adeiladu tŷ ar y tywod yw adeiladu ar sail teimlad. Dyna pam y mae ei ddramâu yn bennaf yn drasedïau yn hytrach nag yn gomedïau. Wedi betio'r naill ffordd neu'r llall, glynir wrth y fet honno, doed a ddelo, ac ni ddaw ymyrraeth ddwyfol nag ymyrraeth ddynol ychwaith i sicrhau diwedd hapus i'r ddrama. Fodd bynnag, cawn y 'gamblo' hwn yn arwain at ddiweddglo hapus yn *Esther*,[91] ac yn *Amlyn ac Amig*.[92]

Yn hyn o beth yr oedd Saunders yn wahanol i Ibsen a'i ragflaenwyr megis W. J. Gruffydd, D. T. Davies ac R. G. Berry. Roedd y rhain yn eu dramâu yn creu rhyw ymyrraeth annisgwyl deimladol a oedd yn groes i reswm er mwyn cael diweddglo hapus i'r ddrama. Er mwyn hynny, rhaid oedd achub y cymeriad, fel yr achubwyd Emrys gan Ann y Forwyn yn *Beddau'r Proffwydi* ac Ephraim Harris gan ei brofiad ar y twyn uwchben y pentref yn nrama D. T. Davies. Roedd Berry yntau ar ganol y briffordd hon. Priodolai Saunders hyn i feddalwch teimladol y dramodydd.

Cred David Mamet, un o ddramodwyr cyfoes yr Amerig, mai ysbrydol yw pwrpas blaenaf drama, nid ein newid ni na'n dysgu.[93] Datgan fod yn rhaid i'r unigolyn ddod i delerau gyda'r hyn a fyn a chanfod pa fodd y gall ei feddiannu. "Gwneuthur heddwch gyda'r duwiau – dyna yw consárn drama," meddai. Credai Saunders yn wahanol i hynny. Er bod *Amlyn ac Amig* yn ddrama sydd wedi ei seilio ar dröedigaeth Amlyn, a bod tröedigaeth Marc, y Marcsydd, at Babyddiaeth yn ganolog yn *'Gymerwch Chi Sigaret?* nid enaid yr unigolyn oedd unig gonsárn Saunders ond enaid y genedl Gymreig hefyd ac Ewrop hithau.[94] Yr oedd drama'n gyfrwng ysbrydol a gwleidyddol i Saunders Lewis. Ymddengys fod y ddeubeth yn anwahanadwy yn ei olwg.

Yn y dauddegau a'r tridegau y datblygodd Saunders Lewis ei ddawn fel dramodydd a gwleidydd. Troes oddi wrth enwad ei dadau, y Methodistiaid Calfinaidd, at y ffydd Babyddol, ond ni chefnodd ar eu Calfiniaeth na pheidio â bod yn Fethodist.[95] Fel Methodist roedd am achub eneidiau'r Cymry ac fel Cymro am achub enaid ei genedl, ond y gyfrinach oedd mynd yn ôl at

Babyddiaeth Gymreig ac at drefn a thraddodiad y Cymry yn yr Oesoedd Canol. Yn grefyddol credai mewn tröedigaeth, ond, yn wleidyddol, mewn chwyldro. Yn ôl Emyr Humphreys roedd ysgrifennu ei ail ddrama, *Gwaed yr Uchelwyr*, yn Gymraeg, yn weithred wleidyddol fwriadol, chwyldroadol,[96] oherwydd drama Saesneg oedd *Eve of St. John* ei ddrama gyntaf.[97] Yn *Gwaed yr Uchelwyr* mae'r ffydd Babyddol yn sail i'r consárn sydd ynddi am ddyfodol Cymru ac yn arwain at ganlyniadau trasig. Yn ei ddrama, *'Gymerwch Chi Sigaret?* ymddengys mai'r ffydd Babyddol yw'r allwedd i achubiaeth Ewrop hefyd. Ei gyffes tua diwedd ei oes oedd, "Yr oedd gen i awydd, nid awydd bychan, awydd mawr iawn, i newid hanes Cymru. I newid holl gwrs Cymru a gwneud Cymru Gymraeg yn rhywbeth byw, cryf nerthol, yn perthyn i'r byd modern. Ac mi fethais yn llwyr ..."[98] Beth bynnag a ddywedwn ni am lwyddiant neu aflwyddiant ei ymdrech i greu chwyldro ar sail Catholigrwydd Rhufeinig a Chenedlaetholdeb Gymreig, roedd y ddrama yn un o offerynnau'r chwyldro.[99]

Fel gyda'r diwinydd, gweledigaeth un person yw gweledigaeth y dramodydd. Cofiwn hefyd nad yw'r weledigaeth honno'n gwbl statig gan fod y dramodydd ei hun yn datblygu ac yn tyfu mewn profiad a bod amgylchiadau ei fywyd a sefyllfaoedd ei ddramâu yn newid, a'r rhain yn eu tro yn lliwio ac yn ehangu ei weledigaeth, er i'w safbwynt yn waelodol aros yr un. Bruce Griffiths sydd wedi tynnu ein sylw ni at y tywyllwch sydd yn nramâu Saunders Lewis o'r cychwyn. Yn *Amlyn ac Amig* y mae iachâd Amig yn dibynnu ar orchymyn erchyll oddi wrth Dduw (ynteu'r Diafol?) ar i'w gyfaill Amlyn ladd ei blant ac iro Amig â'u gwaed, er mwyn ei iachâd. Mewn tywyllwch ac anobaith llwyr mae Amlyn yn ufuddhau. Gwireddir yr addewid. Caiff Amig iachâd, atgyfodir y plant, a chaiff Amlyn dröedigaeth. Nid yw'r darlun hwn yn cyfateb i'n profiad ni o fywyd, ac nid oes esboniad ar y tywyllwch, ond erys arwyddocâd bet Pascal. Gellir betio o blaid Duw, ond mewn bywyd nid oes sicrwydd o gwbl y byddwn yn ennill y bet fel Amlyn. Tywyllwch yw'r elfen sydd wedi dwysáu erbyn ei ddramâu olaf, a hynny o dan ddylanwad y dirfodwyr anffyddiog megis Sartre a Camus sydd yn darlunio bywyd fel carchar a Samuel Beckett, awdur *Wrth Aros Godot*, un o ddramâu mwyaf arwyddocaol yr ugeinfed ganrif sydd yn alegori o anallu dyn i achub ei hun o gaethiwed amser. Yr unig un a all ei achub yw Godot sydd byth yn dod.[100] Dyfarniad Bruce Griffiths yw: "Dengys dramâu Saunders Lewis ddatblygiad digamsyniol o ffyddiogrwydd hyderus *Buchedd Garmon* hyd at ofnau, amheuon ac anobaith y dramâu olaf, lle gwelir y tywyllwch a oedd wrth graidd *Amlyn ac Amig* yn ymledu fwyfwy."[101] Cawn ddarlun o deithiwr didocyn yn cyflawni hunanladdiad oherwydd bod y daith yn ddibwrpas yn ei ddrama *Yn y Trên*;[102] y carcharor yn *Cell y Grog*[103] yn diweddu mewn seilam, a daw ei ddrama am Hitler *1938*[104] i ben gyda Beck ei gadfridog yn ei longyfarch gyda geiriau Iesu ei hun pan arestiwyd ef: "Eich awr chi a gallu'r tywyllwch." Fel y dywed Bruce Griffiths, mae'r tywyllwch yn fwy amlwg na'r goleuni yn ei ddramâu olaf, ac os rhywbeth yn fwy tywyll na gweithiau'r anffyddwyr. Er hynny, ni chefnodd Saunders ei hun ar ei ffydd yn ystod ei fywyd, ond y mae ei ddramâu yn dangos mor heriol ac ymledol oedd y tywyllwch.

Beirniadaeth Saunders ar y dramodydd addfwyn o'r Groeslon, John Gwilym Jones, oedd ei fod yn gorseddu teimlad. Y teimlad yw canolbwynt ei argyhoeddiad gan iddo

John Gwilym Jones

gefnu ar ddiwinyddiaeth ei enwad, a phob diwinyddiaeth arall.[105] Ni allodd, serch hynny, ei ddatgysylltu ei hun yn emosiynol oddi wrth yr enwad a'i magodd gan iddo barhau i fynychu ei gapel ym Mrynrhos yn rheolaidd ar fore Sul. Cofleidiodd ddyneiddiaeth ddi-ffydd heb fedru torri ei gysylltiadau emosiynol â'i gapel a'i bobl. Yn ei ddramâu portreadir sawl gweinidog oedrannus fel cymeriadau yn perthyn i'r gorffennol a'u dyddiau ar ben. Mae heddychiaeth yn bwnc amlwg yn rhai o'i ddramâu ac yn *Gŵr Llonydd*[106] mae maddeuant yn thema ganolog. I John Gwilym, y teimlad sydd yn cyfrif yn y diwedd, ond dyneiddiol yw ei athroniaeth. Thema fawr ei ddrama *Y Tad a'r Mab*,[107] sydd yn deitl adleisiol Cristnogol ynddo'i hun, yw'r "canol llonydd" y mae meidrolyn yn ei geisio. Ond llwybr gwahanol yw ei lwybr ef i lwybr Morgan Llwyd fel y gwelir yn ei ddrama fawr, *Hanes Rhyw Gymro*.[108] Er iddo bortreadu Morgan Llwyd y Piwritan o argyhoeddiad, nid neges Morgan Llwyd a gawn ar ddiwedd y ddrama ond neges John Gwilym Jones. Er ei bod yn wir yn hanesyddol i argyhoeddiadau Morgan Llwyd newid o ran pwyslais fwy nag unwaith, yn ôl y dramodydd, ei angor oedd ei deulu a'i deimladau tuag atynt ac nid ei gred. Nid yw yntau yn cau'r drws ar reswm. Rhesymeg teimlad yw ei resymeg ef, a honno yn ôl John Gwilym sydd yn rhoi ystyr i fywyd Morgan Llwyd ac i'n bywydau ninnau.

Yn y canol rhwng Saunders, sydd yn pleidio crefydd yn ei ffurf Babyddol, a John Gwilym nad yw'n pleidio crefydd o gwbl, cawn Huw Lloyd Edwards a oedd unwaith â'i fryd ar fod yn offeiriad yn yr Eglwys yng Nghymru. Mewn rhai o'i ddramâu y mae'n adlewyrchu athrawiaethau'r Eglwys Gristnogol. Yn ei ddrama *Y Gŵr o Gath Heffer*[109] y mae'n adrodd stori Jona fel y mae yn y Beibl fel dameg sy'n disgrifio'r gwrthdaro rhwng y bach (Jona ysbrydol) a'r mawr (Ninife faterol). Mae *Pros Kairon*[110] (amser Duw) wedi ei gosod yng nghefndir cosmos (trefn) a chaos (anhrefn). Mewn argyfwng mae'r cymeriadau yn cyd-dynnu ac yn amlygu'r ochr orau i'w cymeriadau, ond pan ddaw pethau'n well arnyn nhw, daw gwrthdaro a chawn yr ochr salaf i'w cymeriadau'n dod i'r amlwg. Wedyn, yn ei ddrama *Cyfyng Gyngor*[111] cawn adlais o'r gred yn Nuw'r Crëwr (awdur drama), ond wedi iddo greu mae'r ddynoliaeth (y cymeriadau yn y ddrama) yn mynd allan o'i afael ac yn mynnu dilyn ei mympwy ei hun. Ceir llofruddiaeth yn y ddrama a thri o'r cymeriadau'n rhannol euog, ond y mae'r awdur yn cymryd y bai – athrawiaeth yr Iawn? Ymdrin ag 'apartheid' y mae yn ei ddrama *Ar Ddu a Gwyn*[112] gan adleisio geiriau Paul yn Athen ein bod oll wedi ein creu o'r un gwaed, yn ôl cyfieithiad William Morgan.

Er ei agwedd Gristnogol ddofn, ymddengys ei fod yn pleidio ffydd ddigrefydd, sy'n adlais o Gristnogaeth ddigrefydd Dietrich Bonhoeffer, a barnu oddi wrth ei ddrama *Y Gŵr o Wlad Ûs*[113] sydd yn seiliedig ar Lyfr Job. Mae thema Llyfr Job yn un o themâu mawr y ddrama o Antigone hyd heddiw, sef y tensiwn rhwng cred ac amgylchiadau bywyd. Portreadir Job yn nrama Huw Lloyd Edwards fel dyn ffydd, ond nid fel dyn crefydd er ei fod yn aelod eglwysig. Gwrthdaro rhwng gwahanol fathau o ffydd a rheswm yw sail y ddrama hon. Cawn ei gysurwr, Eliffas, y gweinidog uniongred, yn edliw iddo ei falchder yn gwrthod cydnabod ei bechod fel achos ei drallodion, er ei fod ar yr un pryd yn gorfod cydnabod haelioni Job. Rhesymeg ei ffydd uniongred yw sail ei gysur ef. Rhesymeg ei ffydd yn yr efengyl yn ôl Marx yw sail cysur Bildad a rhesymeg ei ffydd yn nhabledi'r gwyddonydd yw sail cysur Soffar. Mae

Huw Lloyd Edwards

99

Mara, ei briod, yn chwerw ac yn herio Duw ei gŵr sydd yn goddef y fath ddioddefaint a ddaeth i'w rhan. Merch rheswm yw hi sy'n gweld afresymoldeb Duw y credai ei gŵr ynddo. Gwêl Job ei holl drallodion, colli ei deulu a'i fusnes, yn rhan o bwrpas bywyd, er na all egluro hynny. Ar ddiwedd y ddrama, gyda baban ei ferch yn ei freichiau, dywed Job: "Diniweidrwydd hwn yw gobaith bythol y byd, Mara", fel pe bai'r baban yn cofleidio ar yr un pryd ewyllys stoicaidd Mara i oroesi a byw er ei fwyn ac yna ffydd obeithiol Job yn ei Dduw. Roedd ei ddramâu olaf yn fwy gwleidyddol, gan ein hatgoffa o'r haeriad bod cred yn cychwyn gyda chyfriniaeth ac yn diweddu gyda gwleidyddiaeth. Fe'n hatgoffir nad yw gweledigaeth y dramodydd yn statig ond yn un sydd yn fyw ac yn esblygol.

Gyda Saunders Lewis gwelsom, er ei ddiwinyddiaeth gadarn, fod y tywyllwch a oedd yn ei ddramâu o'r dechrau wedi ymledu erbyn diwedd ei yrfa. Ymddengys fod yr 'odds' bod Duw yn bodoli yn llai ar ddiwedd ei yrfa nag ar ei chychwyn. I John Gwilym Jones, nid oedd ystyr i fywyd ond yr ystyr yr oedd y person unigol yn fodlon ei roi iddo. Byd di-Dduw oedd ei fyd ef (ond nid digrefydd!). Ymddengys fod Huw Lloyd Edwards yn ei ddramâu olaf wedi ei argyhoeddi ei hun mai Cymru sydd yn rhoi ystyr i fywyd ac mai'r Cymry eu hunain a all ei hachub. Ymddengys mai byd digrefydd yn hytrach na byd di-Dduw oedd ei fyd ef.

Gellir dadlau nad yw'r ddrama wreiddiol gan awdur yn rhywbeth marw unwaith yr ysgrifennir hi. Wrth gwrs, wrth ei chynhyrchu a'i pherfformio y daw'r ddrama yn fyw go iawn, ond y mae mwy na hynny i fywyd drama. Gall newid actor o fewn yr un cwmni yn yr un cynhyrchiad roi golwg newydd i ni ar y ddrama. Yn fwy sylfaenol, gall cynhyrchiad o dan gyfarwyddwr arall gyda chwmni arall roi golwg newydd eto i ni ar y ddrama a'n dehongliad ohoni. Sawl drama o waith Shakespeare a gaed mewn dillad cyfoes? Dengys hyn fod bywyd mewn drama sydd yn croesi ffiniau cyfnod a chenhedlaeth. Rhyw newydd wyrth a ddaw o hyd i'r golau!

Ond pa bryd y mae rhannu gweledigaeth yn troi'n bropaganda

mewn drama? Pan gyhuddwyd Saunders Lewis fod ei ddrama *'Gymerwch Chi Sigaret?* yn bropaganda dros Babyddiaeth, dadleuodd ef yn ei ragair i'r ddrama hon mai cyfrwng sâl yw drama ar gyfer propaganda ac mai drama flin yw honno a grëwyd i'r pwrpas hwnnw.[114] Comiwnydd oherwydd amgylchiadau yw Marc ac nid Comiwnydd o argyhoeddiad. Roedd Comiwnyddiaeth wedi agor drws gyrfa iddo. Yr unig sicrwydd yn ei fywyd oedd ei gariad at ei wraig. Am hynny nid dadl rhwng Cristnogaeth a Chomiwnyddiaeth yw'r ddrama, ond perthynas gwraig gadarn ei hargyhoeddiad â gŵr diargyhoeddiad a'i dylanwad hi arno mewn argyfwng. Wrth fod yn lladmerydd i un safbwynt, mae'r ddrama'n troi'n bropaganda sydd yn treisio celfyddyd. Fel y dywed Bruce Griffiths, nid yw Saunders yn hyrwyddo Pabyddiaeth fel y cyfryw ar ôl y darogan cryf yn ei ddramâu cynharaf, ond y mae pwyslais Pascal ar fetio bod Duw yn bodoli yn llinyn arian drwy ei ddramâu. Nid pregeth na darlith yw drama, ond celfyddyd ac ni ellir ei darostwng i unrhyw athrawiaeth neu athroniaeth. Rhaid parchu integriti'r cymeriadau ac integriti'r sefyllfa, oherwydd mae'n rhaid i unrhyw gymeriad fod yn driw i'w gymeriad ei hun, beth bynnag y sefyllfa a beth bynnag yw bwriad y dramodydd. Fel mewn bywyd ei hun, mae amwysedd mewn drama sydd yn cael ei adlewyrchu gan safbwyntiau gwahanol y cymeriadau mewn sefyllfa arbennig. Er bod y weledigaeth ddyneiddiol greadigol yn greiddiol i ddramâu John Gwilym Jones, ei rhannu â'i gynulleidfa a wna ac nid ei gwthio arnom. Dyna un o negeseuon drama Huw Lloyd Edwards, *Cyfyng Gyngor*, lle ceir ynddi awdur yn creu cymeriadau ar gyfer ei ddrama, ond yng nghwrs y ddrama y maent yn datblygu'n gwbl groes i fwriad gwreiddiol yr awdur. Maent yn meddu eu momentwm eu hunain ac y mae tynged y ddrama yn eu dwylo hwy, oherwydd nad oes gan yr awdur unrhyw reolaeth drostynt bellach. Pan ddigwydd hynny mae i'r ddrama arwyddocâd oesol sydd yn goroesi ei chyfnod a'i phwrpas ar y pryd.

Ceir cyflwyniadau dramatig nad ydynt yn ddramâu fel y

cyfryw ac iddynt neges benodol ddigyfaddawd. Math ar bropaganda yw'r rhain sy'n tynnu sylw at broblem neu angen cymdeithasol. Caed cyflwyniad addas, i'w berfformio mewn capel ac eglwys gan R. Gerallt Jones, mab y ficerdy, yn trafod problem newyn. Cafwyd Wynford Elis Owen, mab y mans, yn cyflwyno neges yng nghyswllt problem yr alcoholig, ond cyflwyniad ar gyfer y llwyfan oedd hwnnw. Cawn ymdriniaeth â'r un broblem gan Aled Jones Williams yn ei ddrama *Lysh*. Ond drama heb fod yn bropaganda yw honno gyda 'lysh' yn elfen ganolog ynddi. Daeth y Marcsydd Gareth Miles a Wynford at ei gilydd i lunio cyflwyniad dramatig a oedd yn tynnu sylw at y byd anghenus er budd Cymorth Cristnogol. Ar gyfer eglwys gadeiriol yr oedd y cyflwyniad hwn. Diddorol oedd cael dau awdur o ddaliadau cwbl wahanol, yn cydweithio ar sail gwerthoedd cyffredin. Mewn cyflwyniadau propagandaidd fel hyn *techneg* y ddrama sy'n ganolog, ac nid ei chelfyddyd.

Cyfoeswr â Saunders ar y cyfandir oedd yr Almaenwr Bertolt Brecht, y dramodydd Marcsaidd, un a oedd, fel y nodwyd eisoes, yn apelio at reswm trwy alltudio teimlad a dieithrio cynulleidfa er mwyn newid y byd yn ôl y freuddwyd Farcsaidd Atheistaidd. Alltudiwyd Duw yn llwyr o'i ddrama ef. Ni chafodd ei syniadau ddylanwad amlwg ar ddramodwyr Cymru, ond yn sicr y mae'r dramodydd Gareth Miles yn rhannu'r un meddylfryd. Cafodd ei ddull epig o gyflwyno drama, fodd bynnag, ddylanwad cyffredinol – dramâu olaf Huw Lloyd Edwards i ryw raddau a *Hanes Rhyw Gymro* John Gwilym Jones i raddau helaethach – via *Luther* John Osborne tybed?[115] Dramodydd arall a alltudiodd Dduw o'i ddrama, yn bennaf ar sail ei athroniaeth ddirfodol, oedd y Ffrancwr Jean Paul Sartre. Ei ddrama enwocaf a'r fwyaf nodedig yw *Caeedig Ddôr*.[116] Y teitl gwreiddiol mae'n debyg oedd 'Uffern yw Pobl Eraill'. Rhwng y ddau deitl dyna gyfleu gweledigaeth yr awdur. Digwydd y ddrama mewn ystafell heb ffenestr gydag un drws, ond ni ellir agor hwnnw o'r tu fewn. Wedi eu dal yn yr ystafell yn gaeth y mae tri chymeriad gwahanol sydd yn mynd dan groen ei gilydd ar wahanol adegau. Pan mae un cymeriad yn dechrau cymdeithasu â chymeriad arall, mae'r trydydd yn torri ar draws ac yn dryllio'r berthynas. Dilyn eich rheswm – dyna'r dewis dirfodol. Dewis credu yn Nuw a wnaeth Saunders, dewis peidio a wnaeth Sartre. Alltudiwyd Duw ar dir rheswm gan y rhain. Ond daeth cenhedlaeth arall o ddramodwyr wedi'r Ail Ryfel Byd a alltudiodd Dduw o'u dramâu ar dir afreswm.

GWACTER YSTYR

Rhaid cofio, wrth gwrs, bod yna ddrama sy'n canolbwyntio ar ddifyrru a hynny'n unig, ac y mae iddi hithau ei chrefft a'i chelfyddyd arbennig ei hun. Roedd Huw Lloyd Edwards yn ei ddyddiau cynnar yn ysgrifennu dramâu o'r fath. Difyrru oedd yr amcan. Y bywyd dynol bob dydd yw tarddiad y difyrrwch, yr eironi dramatig; y dweud doniol, bwriadol ac anfwriadol; y cymeriadau chwithig a nid mor chwithig; a'r sefyllfaoedd comig a nid mor gomig. Mewn ffars mae'r elfennau naturiol hyn yn cael eu chwyddo a'u hymestyn, ac mewn ffars lwyddiannus ymgadwant o fewn terfynau credinedd! Bu digrifwch a doniolwch mewn drama o ddyddiau Aristophanes hyd heddiw yn ein hatgoffa o'r elfen hurt neu absẃrd sydd yn perthyn i fywyd.

Ond gwelwn awgrym o ddehongliad newydd gan Dylan Thomas yn ei ddrama radio a addaswyd ar gyfer y llwyfan, *Under Milk Wood/Dan y Wenallt*.[117] Yn aml iawn y mae hiwmor yn codi o sefyllfaoedd digon difrifol a digon trist – syrthio ar groen banana er enghraifft. Gall damwain o'r fath fod yn drychineb o dorri'r goes neu, yn waeth fyth, daro'r pen ar garreg. Mae'n anodd osgoi dod i'r casgliad hwn wrth ystyried y ddrama hon o gofio mai enw'r pentref dychmygol yn y ddrama yw Llareggub – o'i weld yn cael ei adlewyrchu yn y drych! O'i gweld ar lwyfan mae'n ddrama o gameos lliwgar, bywiog i'r llygad, ei geiriau a'i rhythmau yn fiwsig i'r glust, ac eto mae'r cyfan yn dadlennu rhyw sylwebaeth ar fywyd ac ar y natur ddynol, er bod y golygfeydd a'r cymeriadau wedi eu hymestyn a'u hystumio fel lluniau mewn cartŵn. Y tu ôl i chwerthin ffars mae tristwch bywyd. Cawn wên y clown naill ai'n cuddio tristwch neu yn ffordd o oresgyn y tristwch hwnnw. Ai cyfeirio at y ddrama yn unig a wna ynteu a oes awgrym ei fod yn cyfeirio at Fywyd? 'Bugger All'? Os felly, "Gwagedd llwyr yw'r cyfan," chwedl Llyfr y Pregethwr.

Ond yr oedd cefndir ehangach i'r dehongliad posibl hwn o waith Dylan Thomas. Wedi'r Ail Ryfel Byd a'i erchylltra daeth drama a alwyd yn ddrama'r 'absŵrd' yn amlwg iawn ar y cyfandir, wedi ei chanoli yn fwyaf arbennig ym Mharis. Martin Esslin biau'r gair 'absŵrd' fel disgrifiad o ddramâu awduron fel Beckett, Ionesco, Genet a Pinter i enwi'r rhai enwocaf ohonynt.[118] Dyma awduron clasurol y dramâu sydd yn portreadu bywyd fel rhywbeth diystyr, absŵrd, cwbl hurt. Yr hyn a wnaeth yr awduron hyn oedd cyfleu hynny. Meddai Esslin am ddeialog y dramâu hyn: "... these often consist of incoherent ramblings." Mae Beckett (Y Gwyddel Saesneg ei iaith a ysgrifennai yn Ffrangeg) yn pwysleisio yn ei ddrama *Wrth Aros Godot* mor ddibwynt yw amser, gyda'r ddau drempyn a oedd yn methu bod heb ei gilydd yn tindroi o gwmpas coeden brin ei dail wrth aros am Godot sydd byth yn dod. Yr hyn a wna Ionesco yw troi bywyd ben ucha'n isa. Yn ei ddrama gyntaf, *Y Soprano Foel*, gwelir pethau a digwyddiadau yn gwbl groes i'r arferol fel y cloc nad yw byth yn dweud yr amser cywir a'r dyn a'r ddynes sydd yn byw yn yr un stryd, yn yr un tŷ, ar yr un llawr, ac yn yr un ystafell yn darganfod eu bod, mae'n rhaid, yn ŵr a gwraig![119] Term arall a ddefnyddir am y math hwn o ddrama yw 'Theatr yr Afreswm'.

Gyda'r genhedlaeth nesaf o ddramodwyr yng Nghymru cefnwyd ar ddylanwad Ibsen a daeth yr 'absŵrd' yn ddylanwad amlwg. Cydnabyddir bellach bod dramâu Wil Sam (W. S. Jones) o safbwynt eu deialog a'u cymeriadau rhyfedd yn adleisio'r mudiad hwn. Ond o safbwynt ffydd ac anffyddiaeth, Gwenlyn Parry yw'r enghraifft amlycaf yng Nghymru. Ar gychwyn ei yrfa roedd yn bregethwr cynorthwyol gyda'r Wesleaid. Credai

Gwenlyn Parry, a oedd genhedlaeth yn iau na'r drindod a enwyd, mewn rhoi 'profiad theatrig' neu ryw fath o 'wefr' i'w gynulleidfa trwy ddefnyddio triciau theatrig megis deialog bryfoclyd; gweryru'r lli gron, a'r teliffon hollbwysig yn *Saer Doliau*;[120] delw o ferch yn dod yn fyw yn *Tŷ ar y Tywod*,[121] y sièd fregus a chwelir ar y diwedd yn *Y Ffin*;[122] y 'flashbacks' ar ffilm a'r grisiau yn *Y Tŵr*,[123] a llwyfan y pantomeim yn gefndir i ddrama'r ystafell wisgo yn *Panto*,[124] heb sôn am y cymeriadau lliwgar, pobl yr ymylon ymhob ystyr. Aeth gam ymhellach na Huw Lloyd Edwards er mwyn effaith. Fodd bynnag, roedd Gwenlyn Parry yn gobeithio, wrth roi profiad theatrig i'w gynulleidfa, ei fod ar yr un pryd yn procio ac yn pryfocio ar lefel ddyfnach. Fel y dangosodd Bruce Griffiths, darluniodd Saunders yn ei ddramâu y tywyllwch a ymledodd yn ei brofiad personol ef ei hun fel dramodydd. Ond fel y dangosodd Dewi Z. Phillips, darluniodd Gwenlyn Parry'r tywyllwch a ymledodd ym mhrofiad cenedl y Cymry.[125]

Yng ngweithiau Gwenlyn ceir adlais o ddull alegorïol Samuel Beckett o gyfleu bywyd sydd yn mynd yn fwyfwy disynnwyr a gwallgof. Grymus iawn yw'r darlun o'r gweinidog gwallgof yn ei ddrama *Y Ffin* a'r cwt bugail arwyddocaol yn cael ei chwalu. Dadleuodd Dewi Z. Phillips, yn argyhoeddiadol iawn, fod ei ddramâu yn disgrifio'r pellhau oddi wrth grefydd yn yr ugeinfed ganrif ymysg y Cymry. Disgrifiwyd yr awdur unwaith fel Gwenlyn Bunyan gan ein bod drwy ei ddramâu yn mynd ar bererindod, ond nid i gyfeiriad ffydd ond oddi

Gwenlyn Parry

wrthi, o ystyr i wacter ystyr, o oleuni i dywyllwch, o Dduw at ddim. Nid yw man cychwyn Gwenlyn Parry mor ddogmatig â man cychwyn Saunders Lewis. Mae Gwenlyn yn dechrau ble roedd Saunders yn gorffen ei yrfa fel dramodydd. Yn wir, amwysedd ac ansicrwydd a gysylltir â Duw Gwenlyn Parry. Yn ganolog yn ei ddrama gyntaf, *Saer Doliau,* fe dybir bod Duw, neu'r 'Giaffar' fel y cyfeirir ato, ar ben arall y ffôn, ac yna o ddrama i ddrama aiff Duw a chrefydd yn fwy ymylol, ac erbyn y dramâu olaf un, *Y Tŵr* a *Panto*, diflannodd yn llwyr. Dadleua Dewi Z. Phillips fod ei ddrama *Sal*,[126] ei ddrama olaf ond un sydd yn portreadu merch ifanc yr honnid iddi fyw yn wyrthiol er ei hympryd, yn ymdrech ofergoelus i ganfod Duw mewn byd seciwlar, i ganfod rhyw fath o seren yn y tywyllwch. Ar y llaw arall, ceir dadl ddilys mai drama seciwlar yw hi am berthynas losgachol rhwng tad a merch o dan gochl crefydd. Dyna farn Gwenan Mared yn ei hysgrif 'Llwgu a Llais y Ferch'.[127] Aeth Saunders o oleuni llachar ei Babyddiaeth i dywyllwch sy'n arwain at anobaith gwallgofrwydd a hunanladdiad. Aeth Gwenlyn yntau o oleuni oedd eisoes yn egwan i dywyllwch dudew du, ond nid i'r tywyllwch eithaf sy'n cau allan ymdrech ddynol i ddelio ag ef.

Dyna'r nodyn a drewir yn nramâu un o feirdd-ddramodwyr nodedig ein cyfnod, sef Aled Jones Williams, cyn-ficer a mab i ficer. Yn sicr nid yw ei ddramâu, o bell ffordd, yn perthyn i de parti chwedlonol y ficer. Dramâu ydynt sy'n perthyn nid yn gymaint i ymylon cymdeithas fel dramâu Gwenlyn Parry, ond dramâu sydd yn tarddu o eigion tywyllwch y galon ddynol ac o waelodion bregus cymdeithas. Ond o ganol y tywyllwch parhaol daw fflach o oleuni darfodedig seren wib ac o'r gwaelodion ceir cip byrhoedlog ar y sêr fel gydag Oscar Wilde gynt. Byd hurt yw ei fyd, darfodedig a phoenus. Nid y Gair sy'n cynnal y ddynoliaeth yn ei ddramâu ond geiriau. Mud yw'r Gair ynghanol y geiriau. Byd di-Dduw ydyw, a chyfyng a darfodedig yw unrhyw berthynas ddynol. Poen, gwacter a mudandod sydd wrth wraidd ei gymeriadau.

Eto, y mae ymateb y dramodydd yn gyffelyb i gyffes y bardd R. Williams Parry: "Rwy'n fydol ac ysbrydol yr un pryd." Geill ei gymeriadau yn benodol gyffesu eu dryswch fel R. Williams Parry: "Rwy'n gymysg oll i gyd." Un o nodweddion ei gymeriadau yw'r cyfuniad dryslyd o'r sanctaidd a'r aflednais. Weithiau mae iaith y duwiol yn gyfalaw i'r weithred rywiol drachwantus – Duw a rhyw! Mae'n arwyddocaol bod rhai o'i gymeriadau'n defnyddio Iesu Grist, Duw, Arglwydd ac ati fel rhegfeydd. Cymerwch, er enghraifft, Llais 1 yn *Cnawd*: "Dwy'n estyn fy llaw i'r düwch ... Y düwch fel dewin yn gneud i'm llaw ddiflannu. Arglwydd! Ma' lle ma'n llawn gwyrthiau ... Tybad fydd na rywun yn cydio yn'i hi ... Y gobaith y bydd rhywun yn cydio yn'i hi ... sy'n her?"[128] Mae rhywun yn teimlo fod iaith amrwd a phrofiadau'r gwaelodion yn ei ddramâu yn wedd ar ryw gynddaredd greiddiol, a honno'n gynddaredd sydd yn ymwneud â'r pellter rhwng profiadau'r cysegr a phrofiadau'r byd, y profiadau o fewn y pyrth a'r profiadau o'r tu allan iddyn nhw.

Codi cwestiynau a wna ynghylch realiti Duw ac ystyr bywyd mewn byd o'r fath. Y mae'r cwestiynau a ofynnir yn gwestiynau mawr crefyddol ac, ar dir rheswm, yn anatebadwy: Beth yw bywyd? Pwy ydwyf fi? A yw Duw? Dyma'r cwestiynau sydd yn peri, yn ôl ei gyffes ei hun, fod bod mewn theatr yn fwy o brofiad crefyddol iddo na bod yn eglwys y plwyf. Ymddengys fod safbwynt Aled Jones Williams yn ei ddramâu ar yr un donfedd â Don Cupitt, y Cristion radical: "... the older kind of religion was often about salvation from sin, the chief interest of modern religion is in learning how to live with nihilism. Not the 'conquest' of nihilism – a romantic cliché but the familiarisation of nihilism, and the acceptance of everything's radical contingency."[129] Fel y dywed un o'i gymeriadau yn ei ddrama *Cnawd* wrth sôn am ei brofiad rhywiol gefn nos, "Teimlo nid gweld 'ydach chi'n twllwch."[130] Nid yw'n syndod bod lleoliad ei ddramâu gan amlaf ynghanol llanast o drugareddau fil a thriciau theatrig o bob math.

Yn ei gyfweliad â'r awdur yn y gyfrol *Disgwyl Bỳs yn Stafell*

Mam,[131] sydd yn cynnwys chwech o'i ddramâu, haera Nic Ros mai monologau yw ei ddramâu er iddynt gynnwys mwy nag un cymeriad. Ymddengys fod y cymeriadau hynny'n agweddau gwahanol ar gymhlethdod bywyd un person. Datgan yr awdur fod enwau Alji ac Eddy, y ddau gymeriad yn y ddrama *Wal,* o gymryd sillafau cyntaf eu henwau gyda'i gilydd yn llunio enw Aled! Dwy wedd i'r un cymeriad! Barna Ros hefyd mai siarad efo'r hunan a wneir mewn monolog. Ond tybed nad yw'r awdur yn awgrymu fod ei fonologau, er eu deuoliaeth, yn lled-obeithio eu bod yn siarad â Duw? Eto, yn ei ddrama *Sundance,*[132] mae Mr Harkinson, wrth ddawnsio'n noeth, yn datgan: "That's what they mean by God ... the dancing as you die." Weithiau mae'r ffin yn annelwig gyda dawns a marwolaeth yn un. Ond awdur ydyw sydd yn byw ar y ffin rhwng anghrediniaeth a chrediniaeth, gwacter ystyr ac ystyr, tywyllwch a goleuni, tristwch a llawenydd, dyn a Duw. Y mae teitl un o'i ddramâu y cyfeiriwyd ati eisoes, *Wal,* yn awgrymu hynny.

Ei ddrama lwyfan ddiweddaraf yw *Iesu!*[133] a bortreadir fel merch a "Mama" yw Duw. Ffeministiaeth yn ei grym! Ymddengys fod yr elfen gadarnhaol yn dod yn fwy amlwg wrth iddo ddatblygu ac esblygu fel dramodydd, ond er hynny nid yw'n llai darfodedig a diflanedig. Digwydd y ddrama yn y gorffennol ac yn y presennol, a lleolir hi mewn dinas ac anialwch. Mae Iesu yn cyflawni ei gweinidogaeth yn yr anialwch ymysg yr anghenus, ond yn cael ei dedfrydu i farwolaeth yn y ddinas gan y grymus. Yn yr anialwch yr oedd ysbryd Gweriniaeth

Aled Jones Williams

Mama yn bywhau, ond yn y ddinas roedd llythyren y drefn ymerodrol yn lladd. Iesu meidrol ydyw hi, nid ail berson y Drindod. Nid yw'n siŵr o'i Mama wrth fentro hyrwyddo ei gweriniaeth ar ddechrau ei gyrfa – gweriniaeth y galon. Nid yw'n sicr ohoni ychwaith wrth wynebu ei diwedd ar y groes. Ei geiriau olaf yn ôl llygad-dyst oedd: "Lle rwyt ti?"

Mae ei holl waith yn seiliedig ar amwysedd bywyd, ac iddo ef, oherwydd hynny, pwrpas drama yw gofyn y cwestiynau iawn ac nid cyflwyno atebion honedig gywir. Dyna farn Arthur Miller, un o ddramodwyr mwyaf yr ugeinfed ganrif: "… onid cwestiynau mawr yw drama fawr, hebddynt nid yw'n ddim amgenach na thechneg."[134] Nid yw'n syndod felly, yn sgil y cwestiynu hwn, bod ansicrwydd yng ngweithiau Aled Jones Williams yn rhinwedd ac yn her i ffwndamentaliaeth o bob math – crefyddol ac anghrefyddol. Y mae Iesu ansicr yn cadarnhau hynny wrth fwrdd y Swper Olaf gyda chri o'r galon: "Cadwch y gwacter!" Y mae ei ddramâu, fel y dywed Ceffas yn yr un ddrama, yn herio byd lle nad oes "neb yn gwybod ond pawb yn sicr". I'r awdur nid ansicrwydd a sicrwydd yw ei gonsárn, ond ansicrwydd a ffydd, nid anwybod a gwybod, ond anwybod a gobaith.

Os tynerwch teimlad oedd wrth wraidd dramâu John Gwilym Jones, "y nihilydd creadigol o'r Groeslon" chwedl Gwyn Thomas, y mae rhyw deimlad o gynddaredd dwfn wrth wraidd gweithiau'r "nihilydd creadigol o'r Port". Ond y mae cynddaredd Aled Jones Williams yn ein hysgwyd o'n hunanfodlonrwydd wrth iddo ymbalfalu yn onest am y gwir, y gwir sy'n bwysicach na gwirioneddau iawn gredu.

DRAMA BROFIAD

Ond nid cwestiynau cred yn unig yw'r cwestiynau a godir mewn dramâu, ond cwestiynau moesol personol a chymdeithasol na ellir eu hysgaru oddi wrth argyhoeddiadau'r dramodydd ei hun. Enghraifft dda o ddramodydd sy'n trafod profiadau mewn amgylchiadau arbennig yw Meic Povey. Perthynas pobl â'i gilydd mewn amgylchiadau arbennig yw ei brif chwarel fel dramodydd.

Roedd drama y Meic Povey ifanc a ddaeth yn ail yn yr Eisteddfod Genedlaethol yn fentrus yn y dyddiau hynny gan fod ei ddrama *Y Cadfridog*[135] yn awgrymu carwriaeth hoyw. Trafododd berthynas hoyw yn fwy agored ymhen blynyddoedd gyda'i ddrama *Wyneb yn Wyneb*.[136] Ei blentyndod ef ei hun yw sylwedd ei ddrama *Diwedd y Byd*.[137] Yn ei ddwy ddrama *Cofiant y Cymro Olaf*[138] a *Terfyn*,[139] mae'n trafod tynged yr iaith Gymraeg. Trafod clymau teuluol nain, mam a merch a'u tynged a wna yn *Tair*.[140] Yn *Perthyn*, mae'n ymgodymu gyda llosgach a cham-drin plant.[141] Caethiwed i gynefin ac i

Meic Povey

atgofion yw pwnc *Fel Anifail*.[142] Priodas heb ryw Ceri sy'n nyrs a gofal Roy am fam fusgrell sy'n alcoholig yw cefndir y ddrama *Hen Bobl Mewn Ceir*.[143]

Yn ei ddrama *Yn Debyg Iawn i Ti a Fi* mae'n trafod yr her o ymdopi efo sgitsoffrenig sydd wedi colli ei fam a'r gofal drosto yng nghefn gwlad Cymru.[144] Pwy sydd yn mynd i ofalu amdano? Y chwaer alltud a aeth yn ddieithr iddo, ynteu'r brawd a'i wraig a oedd yn byw yn gyfagos? Ar wal gefn yr ystafell fyw, ceir llun o Iesu Grist. Mae'r ethos crefyddol Cymreig yn gefndir i'r ddrama er nad yw'n bwnc ynddi. Cydnabyddir bodolaeth y llun yn awr ac yn y man mewn ffordd ebychiadol cystal â gofyn: "Be sy gin ti i'w ddeud?"

Dro arall ceir y ddrama yn gyfrwng i'r dramodydd ymgodymu fel Cristion efo'r ffaith ei fod yn hoyw. Awdur o'r fath yw Terence McNally, Americanwr, sydd yn mynd mor bell â phortreadu'r Crist fel person hoyw yn ei ddrama ac iddi'r teitl arwyddocaol *Corpus Christi*, er mai Joshua yw ei enw yn y ddrama.[145] Cyflwyna ei ddrama i'w bartner Gary Bonasort. Yn eironig, cafodd ei fagu mewn lle o'r enw Corpus Christi yn Texas. Fel dramodydd nid yw'n honni bod yn ddiwinydd, ac yn y ddrama hon nid yw'n ysgrifennu fel person hoyw sydd yn Gristion, ond fel Cristion sydd yn berson hoyw.

Bu gwrthwynebiad i'r ddrama gael ei pherfformio, a hwnnw'n wrthwynebiad bygythiol a threisgar gan Gristnogion honedig. Ymateb mewn ffordd arwynebol fuasai condemnio'r ddrama am ei beiddgarwch a mwy arwynebol fyth fuasai ei chondemnio am ei hiaith fras. Mae'r pwnc yn fater bywyd i'r awdur ac mae iaith melltith yn arwydd o gyffwrdd nerf. Yn y ddrama cyflwynir i ni berson Crist-debyg ond y maen tramgwydd yw ei rywioldeb. Ymddengys nad yw'r person hoyw yn y byd sydd ohoni yn perthyn i'r ddynol-ryw nac i Gorff Crist. Nid yw ef neu hi yn perthyn i ni. Yn y ddrama hon, uniaethir y person hoyw â Iesu, ac uniaethir Iesu â'r person hoyw. Y cwestiwn sylfaenol y mae'r ddrama yn ei godi mor gignoeth o ddigyfaddawd yw beth yw perthynas y Crist â'r person hoyw a beth yw perthynas y person hoyw â Christ? Cred yr awdur fel Cristion fod y Crist yn perthyn i bawb, ac nid yn unig i'r etholedig rai. Ymddengys fod rhywioldeb mab neu ferch yn bwysicach yng ngolwg rhai Cristnogion na'r ffaith ei fod ef neu hi yn Gristion ac yn perthyn i'r ddynol-ryw. Yn y ddrama mae Duw yn datgan: "All men are Divine." Mewn golygfa arall mae Pedr yn cyfarfod gwraig yn cardota, ac yn gwrthod rhoi dim iddi, ond y mae Joshua yn rhoi iddi bum pysgodyn. Meddai Pedr: "She is not one of us." Etyb Joshua: "She is all of us." Caru cyd-ddyn yw caru Duw.

Yn y pegwn arall cawn ddrama *Blackbird* gan David Harrower[146] sydd wedi ei haddasu i'r Gymraeg gan Bryn Fôn dan y teitl *Deryn Du*. Ynddi cyflwynir i ni ddau gymeriad yn cyfarfod ei gilydd ymhen blynyddoedd ar ôl bod mewn perthynas anghyfreithlon: Mei y dyn mewn oed a Lora y ferch dan oed. Nid oes ymgais yma i foesoli ond yn unig i gyfleu cymhlethdod y berthynas a ddatblygodd rhyngddynt ymhell yn ôl. Nid yw y dadlennu hwnnw ond yn dyfnhau amwysedd y berthynas rhyngddynt. Dengys y ddrama y cyfle a rydd i drafod pwnc sensitif nad yw'n ddu a gwyn o bell ffordd fel y tybia llawer ac fel y myn y papurau tabloid ein hargyhoeddi.

I ddod yn ôl i Gymru, mae'n ddiddorol, ac yn anorfod braidd, fod y mwyafrif o'n dramodwyr o gefndir crefyddol, ac o gefndir y mans hyd yn oed. Mae dramâu William Lewis, mab i offeiriad Anglicanaidd, yn delio efo gwacter a thensiynau'r dosbarth canol mewn perthynas â ffydd. Cawn Sion Eirian, mab y mans Presbyteraidd, yn delio yn herfeiddiol efo diffyg gwerthoedd byd rhyw, cyffuriau a roc a rôl. Yn nrama Gwyneth Glyn, cawsom ddrama wreiddiol a gwefreiddiol, *Ar y Lein*,[147] lle ceir dau gymeriad yn byw mor agos ond bod eu perthynas mor bell, oherwydd eu hunan-dwyll; un ym myd Thatcheriaeth ac yn gwneud elw a'r llall ym myd ffantasi Seicic Sw. Er iddynt gyfathrebu yn gyson ar y ffôn, mynd heibio i'w gilydd a wnânt yn ystod y ddrama, cyn i'r ddau gyfarfod wyneb yn wyneb ar ei diwedd. Ar hynny daw'r ddrama i ben gan ein gadael i ddyfalu beth a ddigwyddodd wedyn!

Sôn am ddiwedd drama, clywir cryn feirniadu ar ddramâu diweddar, oherwydd eu bod yn diweddu mor benagored. Y dyhead cyffredinol yw am weld y ddrama yn dod i ddiwedd pendant, a gorau oll os yw'r diwedd hwnnw'n un hapus! Un feirniadaeth ar *Saer Doliau,* drama gyntaf Gwenlyn Parry, oedd y modd y diweddodd ef ei ddrama. Gan fod y ddrama drwyddi yn codi'r cwestiwn a oedd y Giaffar (Duw?) ar ben arall y ffôn ai peidio, siom i lawer ohonom oedd iddo beri fod y ffôn yn canu ar y diwedd. Aeth neges y pregethwr cynorthwyol o Fethodist yn drech na chelfyddyd y dramodydd. O safbwynt celfyddyd ac effaith, buasai diwedd y ddrama'n rymusach heb y ffôn yn canu. Buasai hynny'n gorfodi'r gynulleidfa i feddwl drosti ei hun, a dod i'w chasgliadau ei hun. Ceir ymdriniaeth helaeth ar y pwnc hwn gan Dewi Z. Phillips.[148]

Gellir dweud yr un peth am ddrama Aled Jones Williams, *Iesu.* Yn annisgwyl i ddramodydd amwysedd bywyd a'i gwestiynau, cawn ddiwedd taclus i'w ddrama, diwedd rhy daclus yn fy marn i, wrth iddo gloi'r ddrama gydag adnod o'r ysgrythur, geiriau o'r Bregeth ar y Mynydd. Wedi i Iesu'r ddrama ddatgan fod ei gyrfa yn fethiant, ac i Jiwdas ychwanegu ei bod yn fethiant gogoneddus, mae Jiwdas yn gofyn am air o'r hen ddyddiau. Y geiriau a gafwyd oedd: "Gwyn eu byd y tlodion yn yr ysbryd, canys eiddynt hwy yw gweriniaeth Mama." Tybed a aeth yr offeiriad yn drech na'r dramodydd yn y fan hyn? Yn unol ag ysbryd ei ddramâu onid gwell fuasai iddo fod wedi gadael i'r gynulleidfa benderfynu drosti hi ei hun beth oedd eu hymateb i Iesu ac i dynged y sefydliad Cristnogol?

Fel y dywedwyd, un peth yw sgript ar bapur a dehongliad y cwmni a'i gyfarwyddwr o'r sgript honno, ond rhywbeth cwbl wahanol yw ymateb y gynulleidfa, ac y mae ei hymateb hi yn rhan allweddol o'r profiad o fod mewn theatr.

Ond, i grynhoi, ceisiwyd dangos fod y ddrama o'i chychwyn annelwig yn ymwneud ag ystyr ein bodolaeth ni mewn rhyw ffordd neu'i gilydd, ac yn anelu ar yr un pryd at ein diddanu er mwyn ennill ein clust a dal ein llygad. Ond y nod yn y pen draw yw cyffwrdd y galon, a phrocio'r meddwl. Nid techneg na chyfrwng pregeth, darlith neu bropaganda yw drama ond celfyddyd, ond celfyddyd, ar ei gorau, sydd yn gwneud i ni feddwl am ystyr bywyd mewn ffordd fywiog, yn ein gorfodi i wynebu cwestiynau moesol mewn ffordd greadigol, ac yn gymorth i ni adnabod y natur ddynol a chydymdeimlo â hi yn ei llawenydd ac yn ei gwewyr.

Ond un gair o rybudd! Er i ni gysylltu gwreiddiau'r ddrama â Duw neu'r duwiau, a chysylltu'r gelfyddyd â chonsárn am ystyr bywyd nid yw'n dilyn fod pob drama yn dod â ni wyneb yn wyneb â Duw neu'r duwiau. Rhoddodd Tom Stoppard rybudd amserol tafod-yn-y-foch i ni yn ei ddrama ddychanol a beirniadol *The Real Inspector Hound*.[149] Beirniaid y ddrama "Pwy ddaru?" yn nhraddodiad Agatha Christie sydd dan ei ffrewyll ffraeth. Cawn ddau feirniad yn rhan o gynulleidfa yn gwylio'r ddrama ddirgelwch ac yn gwneud sylwadau arni. Consárn y naill yw pa mor ddel yw'r actoresau a chonsárn dwys y llall yw ystyr ac arwyddocâd y ddrama. Yng nghwrs y ddrama mae'r olaf yn troi at y cyntaf yn dra dwys ac yn dweud yn ei arddull ohebol: "Tybiaf fod gennym hawl i ofyn" – ac yn y fan hyn rydym yn cael ein hatgoffa yn ddiatal o gri Voltaire "Voila" – "'Ble mae Duw?'" "Pwy?" meddai'r llall yn syfrdan. Daw'r ateb gyda goslef llawn pwyslais: "Du-uw." Gwelwn y llall wedyn yn ymgynghori â'i raglen i weld a yw Duw ymysg y cymeriadau ai peidio! Dyma rybudd digon iachus i bawb ohonom, yn arbennig i unrhyw bregethwr sydd yn chwilio am ddeunydd i'w bregeth, oherwydd perygl y pregethwr yw gweld Duw mewn mannau lle nad yw, neu yn hytrach lle na fwriadwyd iddo fod gan yr awdur. Mater arall yw haeru fod Duw o bosibl weithiau mewn drama er gwaethaf yr awdur.

Os yw drama yn delio efo ystyr bywyd a chwestiynau moesol o bob math, yna mae'r ddrama honno'n ddrama grefyddol. A yw hynny'n golygu ein bod yn dod wyneb yn wyneb â Duw ynddi? Mater i bob un ohonom sydd yn y gynulleidfa bob yn un fydd ateb y cwestiwn hwnnw.

ATODIAD

PYTIAU PERTHNASOL

Y bwriad wrth gloi yw tynnu sylw at ddramâu arwyddocaol na chyfeiriwyd atynt yng nghorff y gyfrol.

Cyflwyno Iesu

Mae cefndir *Drama'r Dioddefaint*[150] a berfformir gan drigolion Oberammergau bob deng mlynedd er 1634 yn hysbys i'r byd. Maent yn perfformio eleni! A hwythau ynghanol dioddefaint a ddaeth yn sgil llanast y pla tyngasant lw eu bod yn cyflwyno'r ddrama fel arwydd o'u gwerthfawrogiad pe bai Duw yn gweld yn dda i'w gwaredu ohono. Y bwriad oedd cyflwyno, mewn ffordd boblogaidd, y Dioddefaint fel y ceir ef yn yr Efengylau. Cyflwyno'r stori yn unig oedd yr amcan. Offeiriadon Oberammergau oedd yn gyfrifol am y sgriptiau a ddatblygwyd dros y blynyddoedd. Yr unig fater o bwys a gododd o safbwynt y sgriptiau gwreiddiol oedd yr elfennau gwrthsemitaidd oedd ynddynt. Bellach, diflannodd yr elfennau hynny o'r ddrama, nid yn union wedi'r holocost ond ymhen blynyddoedd wedyn. Ers rhai blynyddoedd bellach perfformir y ddrama mewn blwyddyn sydd yn diweddu gydag "0". Caed rhai eithriadau fel ar achlysur dathlu 350 mlwyddiant y perfformiad yn 1984.

Caed ymdrech gyffelyb a thra effeithiol yn canolbwyntio ar yr Wythnos Fawr gan Hugh Pierce Jones (offeiriad plwyf ym

Mhwllheli ar y pryd) yn yr ugeinfed ganrif yn dwyn y teitl nodweddiadol o'r ganrif, *Y 'Neb' o Ddyn.*[151]

Cyflwyniad o Iesu a gynhyrfodd y dyfroedd yn Lloegr oedd cyfres o ddramâu radio gan Dorothy L. Sayers yn dwyn y teitl *The Man Born to Be King* yn 1941–2.[152] Roedd tri phrif achos i'r cynnwrf. Roedd y ddrama yn cynnwys Iesu fel cymeriad! Ar y pryd nid oedd hawl i roi na Duw, na'r Ysbryd Glân na Iesu Grist yn gymeriadau ar lwyfan. Nid oedd yr Arglwydd Chamberlain, fodd bynnag, yn gweld anhawster mewn rhoi llais i Iesu ar y radio. Nid oedd arweinwyr crefydd ychwaith yn gweld dim gwahaniaeth rhwng actor ar radio a gweinidog yr efengyl yn ei bulpud yn llefaru geiriau Iesu. Yr ail achos oedd bod Iesu yn berson o gig a gwaed, yn berson real! Roedd clywed Iesu yn dweud "Bore Da!" yn gabledd i rai. A'r trydydd achos oedd bod iaith y ddrama'n gyfoes yn hytrach nag yn Feiblaidd.

Chwarter canrif yn ddiweddarach, yn 1968, caed portread arall o Iesu, *Son of Man* gan Dennis Potter,[153] ond ar gyfer y teledu y tro hwn. Addaswyd y ddrama yn y man ar gyfer y llwyfan. Roedd gwahardd y Drindod o'r llwyfan yn perthyn i'r gorffennol bellach. Gwelir absenoldeb arwyddocaol y fannod yn ei theitl yn ein cyfeirio at Iesu hynod o ddynol, daearol a gwrywaidd. Iesu cyhyrog yw ei Iesu ef. Rwy'n dal i gofio'r modd y llefarodd Iesu'r geiriau: "Love your enemy. Love – your – enemy" wrth ei ddisgyblion gyda'r fath angerdd cyhyrog yn y perfformiad teledu ohoni. Yn gynharach yr oedd Iesu wedi llefaru: "We must love one another, or we must die." Onid oedd dyfodol y byd yn dibynnu ar hynny yn nyddiau arfau niwclear, Vietnam a phrotest Martin Luther King? Ysgrifennwyd y ddrama hon mewn ysbyty gydag ysgrifbin yr awdur wedi ei rwymo wrth ei law. Roedd gwaed a chortison ar y sgript.

Yna caed dehongliad o Iesu gan Steven Berkoff yn ei ddrama lwyfan *Messiah* yn 1972.[154] Gwelir eto absenoldeb arwyddocaol y fannod. Cyfrol ddadleuol yn y chwedegau oedd *The Passover Plot* gan Hugh Schonfield yn dehongli digwyddiadau'r Wythnos Fawr yn nhermau "cynllwyn".[155] Y gyfrol hon yw sylfaen dehongliad yr awdur yn ei ddrama. Bwriad y cynllwyn oedd achub yr Iddewon. Ond nid yw'r modd y gwneir hynny'n eglur iawn yn ei ddrama. Roedd troi'r byrddau yn y Deml, y gusan a'r arestio wedi eu trefnu'n fwriadol. Nid yw Iesu ar y groes ond yn cogio marwolaeth, er mwyn dianc o'r bedd yn fyw gyda chydweith-rediad ei ddisgyblion. Eto, mae'r awdur yn glynu'n glòs wrth yr Efengylau, yn ddigon clòs i wneud i ni feddwl ei fod yn Fab Duw. Mae ei ddehongliad yn gymysglyd, gan adael ei gynulleidfa'r un mor ddryslyd. Roedd ei ddehongliad yn rhoi sioc i rai, ac roedd rhai digwyddiadau yn y ddrama'n siocio llawn mwy.

Beth pe bai Iesu'n dychwelyd?

Dyna'r cwestiwn oedd yn sylfaenol i gyflwyniad dramatig *Woza Albert! / Cyfod Albert!* a luniwyd gan dri awdur yn Ne Affrig yn 1982 yn ystod cyfnod apartheid.[156] Albert oedd Albert Luthuli un o'r arweinyddion yn erbyn apartheid. Nid oedd y fath beth â theatr yno bryd hynny, ond neuaddau eglwys ac ysgol. Drama llawr gwlad oedd hon a grym y theatr hon oedd syched am gyfiawnder, ac nid adeilad. Cyfres o olygfeydd byrion yn portreadu bywyd yn y cyfnod hwnnw yw'r ddrama: y dyn du yn eilradd o dan lywodraeth y gwyn Calfinaidd, y bwtsiwr yn methu gwerthu ei gig oherwydd tlodi'r bobol, y barbwr yn gwneud ei waith mewn hofel annymunol, a hen wraig yn chwilio am fwyd yn y biniau. Ond yr hyn sy'n cydio'r darluniau hyn wrth ei gilydd yw'r disgwyl am Moreno (Iesu Grist/Y Gwaredwr). Pan ddaw Moreno caiff y dyn du ei le priodol, y bwtsiwr werthu ei gig, y barbwr siop well i weithio ynddi a chaiff yr hen wraig ddigonedd o fwyd a llawer o bartïon. Gan Dduw mae'r gair olaf.

Caed drama gyffelyb yn ddiweddar yn cydio yn yr un thema yng nghyswllt Brixton yn Llundain gan awdur du am ardal ddu, *The Christ of Coldharbour Lane* gan Oladipo Agboluaje.[157] Un a fu yng ngharchar am ddynwared y Prif Weinidog yw Omo, Crist y ddrama. Omotunde yw ei enw'n llawn. Daw'r enw o'r iaith Yoruba yng Ngorllewin yr Affrig sydd yn golygu "Daw plentyn eto". Nid efengylydd er achub eneidiau unigol yw hwn ond radical gwleidyddol. Ei nod yw gweld Brixton fel y Jerwsalem newydd.

Dramodwyr y Ffydd

Cyfoeswyr i Saunders Lewis yn Lloegr oedd T. S. Eliot (Anglican) a Christopher Fry (Crynwr). Y tridegau a'r pedwardegau oedd cyfnod y ddrama farddonol. Un o'r rhai enwocaf yw *Murder in the Cathedral* gan Eliot a gyfieithwyd i'r Gymraeg, *Lladd wrth yr Allor*, gan Thomas Parry.[158] Ystyrir y cyfieithiad hwnnw yn glasur sydd gystal os nad gwell na'r gwreiddiol. Drama ydyw am ferthyrdod Thomas á Beckett, Archesgob Caergaint, sydd yn gymeriad Crist-debyg. Heriodd ef awdurdod y wladwriaeth, a bu farw'n ferthyr, nid oherwydd ei fod yn deisyfu hynny ond oherwydd ei ufudd-dod i Dduw. Cawn yn y ddrama ddehongliad o ddioddefaint yn nhermau cylch y tymhorau. "Marw i fyw, mae'r haf o hyd," chwedl R. Williams Parry. Mae'r ddrama hon a'r dramâu cyfoes a'i dilynodd yn dangos yr awdur yn gweithio ei ffordd yn ôl o'r tir diffaith wedi'r Rhyfel Mawr i fywyd ystyrlon y Cristion.

Duw neu ddim?

Yn ei ddrama *Jumpers* mae Tom Stoppard yn ystyried rhesymoldeb cred yn Nuw.[159] Ceir ynddi ddadleuon athronyddol cywrain o blaid ac yn erbyn, ond y mae hefyd ynddi hiwmor sydd yn wledd i'r llygad ac i'r glust fel ei gilydd. Ond mae'r hiwmor yn adleisio methiant dadl y naill blaid a'r llall i argyhoeddi ar dir rheswm a yw Duw yn bod ai peidio. Ymddengys fod ei gydymdeimlad ef â'r prif gymeriad, George Moore, yr athronydd sydd yn dadlau o blaid: "Y mae Duw." Cyngor un beirniad unwaith gyda dramâu Stoppard oedd i ni eu mwynhau a meddwl am eu neges wedyn! Mae hon yn sicr yn ddrama o'r fath!

Presenoldeb Iesu mewn drama

Cyfeiriwyd hyd yma at ddramâu sy'n ymwneud â Iesu yn uniongyrchol, ond y mae cyfrol *The Onstage Christ: Study in the*

Persistence of a Theme gan John Ditsky yn mynd ar ôl Iesu sy'n rhannol bresennol neu guddiedig mewn dramâu.[160] Yn ei gyfrol ddifyr y mae'r awdur yn mynd ar ôl dramâu gan awduron amlwg o Ibsen i Pinter. Gwêl gip tameidiol ar Iesu ynddynt gan y cred fod patrwm mythig bywyd Iesu yn batrwm amlwg i'r ddrama fodern beth bynnag yw safbwynt yr awdur mewn perthynas â Christnogaeth. Mae ambell gip yn fwriadol benodol, ond y mae eraill yn gynnil adleisio'r patrwm neu yn isymwybodol fwriadol:

- Crist yr aberth
- rhyw un wedd ar ei berson mewn cymeriad arbennig yn y ddrama: yr athro a'r gwaredwr, rhoddwr cariad, gobaith, cyfiawnder, neu heddwch.
- ei bresenoldeb eironig mewn dramâu anffyddiog neu yn wasgaredig ymysg nifer o gymeriadau mewn drama.

Gellir, wrth gwrs, ddilyn y trywydd hwn mewn dramâu eraill.

Cymeriadau Beiblaidd

Awdur a chanddo wreiddiau Wesleaidd yw Howard Brenton, ond sydd bellach yn anffyddiwr o Farcsydd. Er hynny, y mae ei ddiddordeb yn y ffydd Gristnogol yn fawr. Yn 1970 ysgrifennodd y ddrama *Wesley* sy'n seiliedig ar fywyd John Wesley, seren fore Methodistiaeth yn Lloegr.[161]

Yn ei ddrama *Paul*, y mae Iesu yn gymeriad cwbl ddynol a oroesodd y croeshoeliad, sy'n briod â Mair Magdalen ac, ar ei farwolaeth, sy'n cael ei gladdu yn Syria.[162] Aeth yn un swydd i gyfarfod Saul yn bersonol ar y ffordd i Ddamascus er mwyn ei ddarbwyllo rhag parhau i erlid ei ddilynwyr. Caiff Saul ffit epileptig ar y pryd, a chredodd Saul (Paul wedi hyn) nad Iesu yn y cnawd a gyfarfu ond Iesu atgyfodedig. O hynny ymlaen y mae bywyd ac argyhoeddiad Cristnogol Paul yn seiliedig ar gelwydd. Fodd bynnag, y mae'r awdur yn dyrchafu Paul fel athrylith y foeseg Gristnogol gyda'i weledigaeth o gariad a'i ddehongliad eneiniedig ohono. Ond y mae'r gwyrthiol yn broblem iddo.

Synhwyrir yn y ddrama'r syched dilys am fedru credu a hefyd pa mor heintus y gall argyhoeddiad dwfn megis un Paul fod. Cyflwynir Pedr fel un a gredai fel yr apostolion eraill fod Iesu wedi dod i buro Iddewiaeth, ond pan oedd Pedr a Paul ynghyd yng ngharchar yn Rhufain llwyddodd Paul i'w argyhoeddi fod Iesu wedi atgyfodi. A daw'r ddrama i ben gyda'r ddau yn llafarganu: "Christ is risen". Dyma'r stori a atseiniodd dros y canrifoedd i lawr i'n dyddiau ni.

Dramodydd o UDA yw Stephen Adly Guirgis sydd yn trafod agweddau ar y Ffydd Gristnogol yn ei ddramâu. Dyma elfen anarferol ym myd y theatr y dyddiau hyn. Yn ei ddrama hir, ond difyr a doniol, *The Last Days of Judas Iscariot*, tynged Jiwdas Iscariot yw ei gonsárn.[163] Wynebir y cwestiwn dwys: os yw Duw yn faddeugar, pam y tynghedwyd Jiwdas Iscariot i ddamnedigaeth dragwyddol? Digwydd y ddrama rhwng Nefoedd ac Uffern mewn llys ym Mhurdan a elwir Gobaith. Ceir y ddwy ochr i'r ddadl yn y llys gan y diffynnydd a'r erlynydd gyda thystion (ddoe a heddiw) o blaid neu yn erbyn y ddedfryd o ddamnedigaeth. Daw'r ddrama i'w therfyn gydag anerchiad hir gan arweinydd y rheithgor yn cael ei ddilyn gan Iesu yn golchi traed Jiwdas. Y mae'r rheithgor yn dal i drafod. Ond y gynulleidfa yw'r rheithgor mewn gwirionedd. Beth yw ei dedfryd hi wedi clywed y ddwy ochr i'r ddadl? Damnedigaeth ynteu achubiaeth?

Dyneiddwyr nid Saint

Diddorol yw sylwi bod dramodwyr dyneiddiol yn mabwysiadu rhai o seintiau'r oesau er mwyn cyflwyno eu safbwynt dyneiddiol. Y diweddar Brifathro Gwilym Bowyer wnaeth y sylw hwn yn sgil dramâu canol yr ugeinfed ganrif: *Hanes Rhyw Gymro* sydd yn seiliedig ar fywyd Morgan Llwyd o Wynedd gan John Gwilym Jones,[164] *Luther* gan John Osborne,[165] ac *A Man for All Seasons*[166] sydd yn seiliedig ar fywyd Sir Thomas More y Pabydd gan Robert Bolt. Ysgaru'r seintiau oddi wrth eu Ffydd yw eu bwriad sylfaenol ac adfer eu dynoliaeth a'u meidroldeb.

Flynyddoedd cyn y rhain portreadodd George Bernard Shaw Siân d'Arc yn ei ddrama *St. Joan* fel rebel yn hytrach na santes.[167] Canolbwyntiodd Osborne ar anhwylderau corfforol Luther fel sail i safiad y diwygiwr yn erbyn Pabyddiaeth. Teimladau Morgan Llwyd yn hytrach na'i gred, fel y gwelwyd eisoes, oedd consárn John Gwilym Jones. Integriti Sir Thomas More ("Gwas da'r brenin, ond gwas Duw yn gyntaf") yn hytrach na'i Babyddiaeth oedd consárn Bolt. Cawn Howard Brenton yn ei ddrama *In Extremis*, sydd yn seiliedig ar garwriaeth Heloise (disgybl) ac Abelard (athro a mynach), yn ymgodymu fel yn ei ddrama *Paul* efo natur ffydd.[168] Drama ydyw sy'n dangos y ddau gariad yn herio uniongrededd ffwndamentalaidd Bernard o Clairvaux (o Dduw y mae ffydd) wrth sefyll dros y cnawd a rheswm. Ymddengys fod natur ffydd o gonsárn gwaelodol iddo.

Y mae Howard arall o'r un cyff â Brenton, sef Barker, sydd yn dehongli crefydd mewn termau dyneiddiol. Yn 1988 cyfansoddodd ddrama *The Last Supper – A New Testament* sydd yn ddehongliad dyneiddiol o'r Testament Newydd gan ddatgan yn glir ar gychwyn y ddrama mai'r Cyhoedd (y bobl) yw Duw: "I am the Public".[169] Datgan y Cyhoedd fod y prif gymeriad, gyda'r enw arwyddocaol Lvov (Love of?), yn "Blentyn y Cyhoedd" (yn Fab y bobl). Lvov ei hun sydd yn cyhoeddi mai ef yw'r Swper. Y mae'r ymateb iddo gan ei ddeuddeg disgybl, sydd yn groestoriad o'r gymdeithas gyfoes, yn datguddio ei gymeriad i ni yn ôl eu cariad neu eu casineb tuag ato. Yn 2006 cyfansoddodd ddrama arall, *The Seduction of Almighty God*, gyda'r ychwanegiad hwn i'r teitl *… by the boy priest Loftus in the Abbey of Coletto, 1539.*[170] Mae dramâu Barker yn ymwneud â chwalfa ac anhrefn cymdeithasol, ac nid yw hon yn eithriad. Mynach a ffwndamentalydd ifanc yw Loftus sydd yn glynu wrth ei ddelfrydau er diddymu'r mynachlogydd yn 1539 ac er i'w gyd-fynaich gyfaddawdu wrth lithro'n ôl i fyd o anfoesoldeb trais a rhyw. Er diniweidrwydd Loftus gwna i ni feddwl am gyflafan 9/11 oherwydd grym Duw yn ei fywyd. Cymaint yw y grym hwnnw fel yr ymddengys nad dyn mohono ond Duw ei hun: "If you enter God, you become God." Nid yw Loftus yn ddynol, gan fod ganddo awdurdod dros fywyd a marwolaeth, awdurdod i ladd gelynion y mynachlogydd. Ar y diwedd y mae Loftus yn cael ei sbaddu gan ferched sydd yn cynrychioli grym rhyw (y grym yr ymwrthododd Loftus ag ef yn gyson yn y ddrama).

Ymhlygiadau Ffydd

Yn ei ddrama *Jesus Hopped on the "A" Train* y mae Stephen Adly Guirgis yn troi at gymeriadau cyfoes i drafod agweddau ar y Ffydd Gristnogol.[171] Perthynas gymhleth moesoldeb ac iachawdwriaeth, cyfiawnder a gras yw'r brif thema. Y mae llys a chyfraith yn ganolog yn y ddrama hon yn ogystal â charchar. Dau garcharor yw'r cymeriadau allweddol yn y ddrama. Un ohonynt yw Angel diniwed ac ansicr sydd wedi saethu arweinydd cwlt yn ei ben-ôl. Gan i hwnnw farw ymhen amser, cyhuddir ef o lofruddiaeth. Y llall yw Lucius, Cristion ailanedig a oedd, oherwydd ei ffydd newydd, yn medru byw efo'i orffennol (roedd wedi lladd wyth o blant ifanc yn y modd mwyaf dychrynllyd) a'i garchariad. Cais berswadio Angel i gyfaddef ei drosedd o lofruddiaeth ac edifarhau. Gwell yn ôl Lucius yw iddo feddu cydwybod dawel nag osgoi ei gosb. Yr oedd Mary, y gyfreithwraig a amddiffynnai Angel, yn ceisio'i berswadio i ddweud celwydd oherwydd ei bod yn barnu ei fod yn ddyn da yn y bôn ac nad oedd yn haeddu ei gael yn euog o lofruddiaeth a'i ddedfrydu i garchar. Yn y llys, bwriad Angel yw dilyn cyfarwyddyd ei gyfreithwraig, ond aeth yr achlysur yn drech nag ef. Cyll ei hunanddisgyblaeth a chyffesa ei fod yn droseddwr. Daw'r ddrama i ben yn sŵn ei ebychiadau torcalonnus: "I'm sorry! I'm sorry". Crefydd syml oedd yr ateb i Lucius, ond ai dyna'r ateb i Angel? Buasai iddo ddweud celwydd wedi ei achub, ac achub dyn da yn y fargen.

Cyflwr Cristnogaeth

Er mai drama am gyflwr Eglwys Loegr yw *Racing Demon* gan David Hare, un o drioleg sydd yn trafod cyflwr y genedl Seisnig,[172] gwleidyddiaeth a chyfraith Lloegr yw pynciau'r ddwy arall. Os yw ethos y ddrama yn Seisnig, y mae'r safbwyntiau diwinyddol ynddi'n canu cloch i ni yma yng Nghymru. Drama am bedwar o offeiriadon Eglwys Loegr yw hon yn ymwneud â'u perthynas neu eu diffyg perthynas â Duw ac â phobl. Radical rhyddfrydol yw Lionel sydd yn medru siarad efo pobl ond sy'n methu â siarad efo Duw nac ychwaith efo'i wraig ei hun. Efengylwr yw Tony sydd yn medru siarad efo Duw ond sy'n fethiant llwyr efo pobl. Ucheleglwyswr hoyw yw Harry, ac Ewan yn gariad iddo, ond daw'r berthynas hapus ag anhapusrwydd iddo pan wnaed y berthynas yn hysbys ("outed") gan iddo golli ei swydd. Cymeriad rhadlon, cymdeithasol a diddiwinyddiaeth yw Donald sy'n llawenhau gyda'r rhai llawen. Yn y ddrama ceir dau Esgob yn cynrychioli awdurdod Eglwys Loegr. Diplomat amwys a chyfaddawdus yw Esgob Kingston, ond Ceidwad y Ffydd yw Esgob Southwark gan nad ei farn ef sydd yn bwysig ond awdurdod ei eglwys.

Crefydd

Yn sgil yr ymosodiad a wnaed yn enw Duw ar y ddau dŵr yn Efrog Newydd yn 9/11 daeth crefydd yn fater dadleuol yn ein mysg. Bu Richard Dawkins y gwyddonydd yn huawdl (a thrahaus) yn cyflwyno ei ddadleuon gwrth-grefyddol. Amlygwyd y drafodaeth hon ym myd y theatr. Mae crefydd yn elfen amlwg yng ngweithiau'r dramodwyr cyfoes wedi'r dyddiad hwn fel y dengys dramâu Brenton, Barker a Guirgis y cyfeiriwyd atynt eisoes. Roedd y rhain, fodd bynnag, yn delio efo'r Ffydd Gristnogol yn benodol. Ond yn 2006 caed drama arbennig ar gyfer y llwyfan yn ymwneud â chrefydd yn ei ystyr ehangaf gan Mick Gordon ac A. C. Grayling, fel yr awgrymir gan ei theitl *On Religion*.[173] Drama mewn cyfres o dan y teitl 'Traethawd Theatr' yw hon. Caed dramâu eraill yn y gyfres eisoes megis *On Ego* ac *On Death*. Ymdrech yw hon gan ddyn y theatr (Gordon) ac athronydd amlwg (Grayling), wedi iddynt ymgynghori ag arbenigwyr ym myd y crefyddau, i gyflwyno'r gwrthdaro rhwng rheswm a ffydd yng nghyswllt un teulu. Gwyddonydd yw Grace, y fam y mae ei henw yn bradychu ei magwraeth grefyddol, sydd wedi ymwrthod â chrefydd ei magwraeth ac sydd bellach yn anffyddwraig ronc. Gwell ganddi, fodd bynnag, ei hystyried ei hun yn naturiolydd (naturalist) gan fod anffyddwraig yn derm sydd yn rhagdybio ffydd. Hi yw llais Richard Dawkins. Mae Tom yntau, ei mab, wedi ymwrthod ag anffyddiaeth ei fam, ac wedi cofleidio Cristnogaeth gyda'r bwriad o fynd yn offeiriad. Ei amcan yw cyflwyno "gwell crefydd". Gwneir i ni feddwl am Thomas yr amheuwr a ddaeth i gredu! Iddew seciwlar yw Tony, ei dad rhadlon, sydd wedi ei ddal yn y canol rhwng Grace a Tom. Cysylltwn yr enw Anthony â seintiau Cristnogol! Cariad Tom yw Ruth, dwyreinwraig gydag enw Beiblaidd, ond anffyddwraig yw hithau sydd yn ceisio dod i delerau â hunanladdiad ei mam. Gwneir i ni feddwl yma am y stori Feiblaidd am ffyddlondeb Ruth i Naomi.

Iesu a Diwylliannau a Chrefyddau Eraill

Dwy ddrama nodedig yn ymwneud â'r thema hon yn hanesyddol yw *The Royal Hunt of the Sun* gan Peter Shaffer, sydd yn ymdrin ag Indiaid Periw 1529–33,[174] a *Savages/Anwariaid* Christopher Hampton sydd yn ymdrin ag Indiaid Brasil yn y flwyddyn 1963. Cyfieithiwyd hi i'r Gymraeg gan Wyn G. Roberts.[175] Yn nrama Shaffer aiff criw o ddynion o Sbaen i Beriw yn enw aur a chrefydd o dan arweiniad Pizarro sydd â'i lygaid ar yr aur. Yn y cwmni roedd Valverde y Tad Pabyddol sydd yntau â'i lygaid ar droi'r Inca paganaidd yn Gristnogion. Mae'r ddrama'n feirniadol o'r awch am aur a'r obsesiwn cenhadol gostied a gostio. Caiff Pizarro, wrth iddo ddod wyneb yn wyneb â Haul Dduw'r Inca, Atahualpa, greisis ffydd. Er mwyn yr aur ac er mwyn y ffydd, lladdwyd yr Inca yn y modd mwyaf gwaedlyd.

Y mae *Anwariaid* yn ymwneud ag ail hanner yr ugeinfed ganrif a hil-laddiad llwyth o Indiaid. Ceir yn y ddrama un olygfa rhwng West sydd â chydymdeimlad â diwylliant yr Indiaid a'r cenhadwr, y Parch. Elmer Penn. Portreadir y cenhadwr fel person nawddoglyd a'r Indiaid o dan ei ddylanwad yn wasaidd a gochelgar. Mae'n cyfaddef ei fod yn creu diwylliant o ddibyniaeth yr Indiaid arno ef.

Erbyn hyn y mae perthynas Iesu â diwylliannau a chrefyddau eraill yn gwestiwn canolog. Ni thrafodwyd hyn mewn dramâu llwyfan Cymraeg hyd yn hyn hyd y gwn i. Drama a wna hynny gyda mesur helaeth o ddychan a 'smaldod du yn Saesneg yw *The God Botherers* gan Richard Bean.[176] Gosodwyd y ddrama mewn gwlad dlawd ddychmygol o'r enw Tambia. Mae Cristnogaeth ac Islâm wedi ymsefydlu yn y wlad, ond erys dylanwad y grefydd frodorol ar ddilynwyr y crefyddau hynny. Mae'r ddau Gristion yn cynrychioli dwy wedd ar Gristnogaeth: Laura yn cynrychioli'r Cristion cydwybodol ac yn wleidyddol gywir yn ei pherthynas â'r brodorion a'r Mwslim, a Keith yn cynrychioli'r Cristion sy'n arddel holl wendidau'r gwareiddiad gorllewinol. Ibrahima yw'r Mwslim brodorol yn y ddrama a Monday yw'r brodor sydd yn Gristion ond a fu'n Fwslim, unwaith cyn i Iesu Grist ddod i'w fywyd wrth iddo chwarae Scrabble yn y cartref i blant amddifad! Yn ôl cofnod ei enedigaeth, Iddew ydoedd, ond camgymeriad oedd hynny!

Ble rwyt ti?

Yr oedd yr Holocost yn ysgytwad i fyd crefydd ac i fyd y theatr fel ei gilydd, yn arbennig felly i'r Iddewon. Ble roedd Duw? Pam na wnaeth ymyrryd? Pam yr oedd mor ddistaw? Dyma gwestiynau Job ac ailadroddwyd ei ddrama yn *The Trial of God* gan Eli Wiesel.[177] Fe'i cawsai'r awdur ei hun yn Auschwitz yn bymtheg oed. Lleolir y ddrama, fodd bynnag, yn yr ail ganrif ar bymtheg yn yr Wcrain pan ddiddymwyd y gymuned Iddewig yno gan adael dau Iddew ar ôl, tafarnwr a'i ferch. Daeth tri o actorion Iddewig i'r ardal i berfformio drama'r Pwrim. Gan nad oedd yr amgylchiadau'n ffafriol i ddathlu buddugoliaeth dros wrth-semitiaeth (Gŵyl y Pwrim) penderfynwyd ar ddrama o fewn drama – rhoi Duw yn y doc. Nid oedd neb yn awyddus i amddiffyn Duw ond, erbyn yr act olaf, fe gaed diffynnydd a chynhaliwyd achos yn erbyn Duw. Daw'r ddrama i ben gyda dau gwestiwn herfeiddiol yn atsain yn y cof: "A ble mae Duw yn hyn oll?" a "Beth sydd ar ôl i ni ei wneuthur?" Y mae'r achos yn dal i fynd yn ei flaen.

Drama sydd yn codi cwestiynau o dywyllwch yn hanes cenedl yw drama Wiesel ond, yn nramâu Sarah Kane, y tywyllwch yn ei bywyd hi sy'n ganolog er bod y rhyfel ym Mosnia yn gatalydd i'w gwaith.[178] Dramodydd a gefnodd ar ffydd "efengylaidd" ei hieuenctid oedd Sarah Kane (1971–99) ac un a ddioddefodd byliau o iselder yn ystod ei bywyd byr. Wrth ymlafnio gyda'i hiselder, ymlafniodd yn ei dramâu gydag ystyr bywyd. Rhan o'r ymlafnio hwnnw yw rhoi sylw eithafol i weithredoedd beiddgar o drais a rhyw yn ei dramâu, yn arbennig y dramâu cynharaf fel *Blasted*. Y mae'n herio tywyllwch bywyd a marwolaeth lygad yn llygad gyda rhyw onestrwydd cignoeth. Nododd un beirniad mai cariad oedd tirlun ei dramâu. *Phaedra's Love* yw teitl un o'i dramâu. Yn ei drama *Crave* sydd yn farddonol, ac yn delynegol ar adegau, ceir pedwar llais gydag adleisiau Beiblaidd a Christnogol ac fe geir ynddi hefyd adlais amlwg o gerdd T. S. Eliot, 'The Waste Land'.[179] Cri o'r galon yn wyneb marwolaeth sydd yn y ddrama, a'r pedwar llais fe ymddengys yn dod o'r un galon. Llais A: "Christ, I wish I had music but all I have is words." Ar yr wyneb, rheg yw enw Crist, ond gwneir i ni feddwl am weddi daer. A'r un llais eto: "Only love can save me and love has destroyed me." Dyna'r Pasg wrth feddwl yn llythrennol am gorff Iesu: "Cariad, ble rwyt ti?!" Mae ing ei chalon yn eigion ei dramâu. Un sylw a wnaeth un beirniad arall wrth grynhoi ei gwaith oedd: "Ymateb theatrig i'r boen o fyw."

Cyfansoddodd ei drama olaf *4.48 Psychosis* a hithau yn dioddef o iselder enbyd. Cyfeiria 4.48 at yr amser ar y cloc pan fyddai'r iselder dychrynllyd hwn yn ei deffro yn y bore. O ganlyniad i'r iselder hwn llyncodd dabledi, ond dygwyd hi i'r ysbyty a phwmpio'i stumog yn lân. Er hynny, cymerodd gareiau esgidiau a'i chrogi ei hun a hithau ond yn 28 mlwydd oed.

Wrth ystyried ei hing a hithau wedi cefnu ar ei ffydd a chofleidio'r theatr, mae ei geiriau mewn un cyfweliad a gafodd yn iasoer: "... theatre has no memory, which makes it the most existential of the arts ..."[180] Os derbyniwn ei dehongliad hi o'r theatr, yna mae'r theatr yn her aruthrol i Gristnogaeth ac i grefydd yn gyffredinol.

Ond y mae'r her yn nes adref yng Nghymru fach. Dramodydd buddugol Medal Ddrama Eisteddfod yr Urdd 2009 yn y Bae oedd Gruffydd Eifion Owen gyda'i ddrama 'Nialwch.[181] Meddai'r beirniaid, Manon S. Ros a Bethan Jones: "Mae'r ddrama hon yn disgleirio." Ynddi ceir tri chymeriad mewn hen gapel wedi mynd â'i ben iddo heb arwydd fod dim wedi newid ers hanner canrif. Ymetyb y tri yn wahanol i grefydd eu gorffennol. Ymwrthod â chrefydd ei orffennol a breuddwydio a wna Eifion yr ieuengaf, ond chwilio a wna Guto ymosodol sydd yn ei dri degau, tra mae Sol yr hynaf yn cuddio'r craciau ac yntau wedi ei ddal gan ddefodaeth ei orffennol crefyddol. Ar ddiwedd y ddrama y mae Eifion yn wael ac yn llonydd gydag atgof am dynerwch cusan feddw sy'n gwrthod cilio. Daw'r ddau arall i'r casgliad y byddan nhw'n iawn, Sol heb unrhyw arddeliad a Guto gyda llai fyth o arddeliad, cyn ymuno i ganu pader o'u gorffennol.

Onid yw teitl y ddrama yn gyforiog o ystyr? Yn ddaearyddol? Yn betheuach? Yn bersonol? Yn ysbrydol? Roedd Pantycelyn yn ôl ei emynau mewn 'anialwch' ac yn ceisio mewn ffydd am arweiniad ei Dduw yn barhaus. Cyn darganfod cymorth y Ffydd Gristnogol, roedd T. S. Eliot yntau mewn anialwch fel y dengys ei gerdd 'The Waste Land'. Gair Pantycelyn am betheuach israddol oedd "teganau", ond i lawer heddiw 'nialwch ydynt, a fuo 'na rioed oes â mwy o 'nialwch yn eiddo iddi. Mewn rhai broydd yn y gogledd, cyfeirir at blentyn go anystywallt fel "y 'nialwch bach!"

A yw'r atgofion crefyddol yn y ddrama yn arwydd nad yw gobaith wedi llwyr ddiflannu, ynteu a ydynt yn ein cyfeirio at eiriau Llyfr y Pregethwr, o'u haralleirio, "'nialwch yw'r cwbl"?

Mae'r theatr yn her i Gristnogaeth ac i grefydd yn gyffredinol. Ond y mae Cristnogaeth hithau yn her i dywyllwch ac anobaith.

NODIADAU

Rhagair

1 *Hanes Cymru*, John Davies. The Penguin Press, 1990, t. 486.

2 *How to Enjoy Theatre*, Philip Cook. Piatkus, 1983, t. 68.

3 *Dramatic Criticism*, S. R. Littlewood. Pitman & Sons, 1939, t. 89.

Beth yw drama?

4 *God Outside the Box,* Richard Harries. SPCK, 2002, t. ix.

5 *Y Creu a'r Cadw*, Harri Williams ac O. E. Roberts. Llyfrfa'r M.C., 1973, t. 204.

6 McMillan, 1992

7 *The Expository Times*, January 1991, t. 126. Max Harris, Macmillan, 1990.

8 *Modern American Drama 1845–1990*, C. W. E. Bigsby. CUP, 1992, t. 341.

9 *The Live Theatre*, Hugh Hunt. OUP, 1962, t. 6.

Dylanwad Drama

10 Trafford Publishing, 2007.

11 SPCK, 2004.

12 SCM, 1992.

13 Pelican, 1968.

14 SCM, 1992.

15 OUP, 2008.

16 Ignatius Press.

17 *Religious Studies*, 31 (Sept. 1995).

Gwreiddiau yn y gwyll

18 *Dramatic Criticism*, S. R. Littlewood. Pitman and Sons, 1939, t. 13.

Gwreiddiau Hebreig

19 *Arweiniad i'r Hen Destament*, G. H. Jones. Gwasg Prifysgol Cymru, 1966, t. 295.

Groeg yn grud

20 Cyfieithiad W. J. Gruffydd. GPC, 1950.

21 *Dramatic Criticism*, S. R. Littlewood. Pitman and Sons, 1939, t. 57.

22 *ibid*. t. 58.

23 Kessinger Publishers Co., 2004.

24 *Dramatic Criticism,* S. R. Littlewood. Pitman and Sons, 1939. t. 59.

25 Methuen Press, 1990.

26 Gee, 1973.

27 *The Internet Classics Archives*, trans. E. P. Coleridge.
28 *Dramatic Criticism*, S. R. Littlewood. Pitman and Sons, 1939, t. 85.

Ymateb y Tadau Eglwysig
29 *ibid*. t. 89.
30 OUP, 1967, t. 45.

Gandersheim
31 *The Plays of Roswitha*, Y Rhagarweiniad. Trosiad Ch. St. John. Chatto and Windus, 1923.
32 *ibid*.
33 *Gŵyl Gwalia: Yr Eisteddfod yn Oes Aur Victoria*, Hywel Teifi Edwards. Gwasg Gomer, 1980.

Caer-wynt
34 *Llwyfannau*, Golygyddion D. Glyn Jones a J. Ellis Jones. Gwasg Gwynedd, 1981, t. 20.
35 *The Live Theatre*, Hugh Hunt. OUP, 1967, t. 47.
36 *Medieval and Tudor Drama*, Gol. J. Gassner. Bantam Books NY, 1963, tt. 37-8.
37 *The English Morality Play*, R. Potter. Routledge and Keenan Paul, 1975, tt. 19-20.
38 *Medieval and Tudor Drama*, Gol. J. Gassner. Bantam Books NY, 1963, t. 207.
39 *ibid*. t. 206.

Gwalia
40 *Canu Llywarch Hen* , Gol. Ifor Willliams. Gwasg Prifysgol Cymru, 1953, t. xxxix.
41 *I'r Arch*, Bobi Jones. Gwasg y Dryw, 1965.
42 *Y Ddrama yng Nghymru*, Elsbeth Evans. Y Brython, 1947, t. 11.
43 *ibid*. t. 13.
44 *The English Morality Play*, R. Potter. Routledge and Keenan Paul, 1975, t. 172.
45 *Y Ddrama yng Nghymru*, Elsbeth Evans. Y Brython, 1947, t 14.
46 *Elis y Cowper*. G. G. Evans. Pantycelyn, 1995. t. 17

Gwagedd
47 *British Literature Archives*, Gweithiau John Milton. Y we.

Drama'r Drol
48 *Elis y Cowper*, G. G. Evans. Pantycelyn, 1995, t. 19.
49 *Gweithiau William Williams Pantycelyn* Cyf.1., Gol. Gomer M. Roberts, Y Rhagymadrodd i Theomemphus. Gwasg Prifysgol Cymru, 1964.

50 *Barddoniaeth Goronwy Owen*. Hugh Evans a'i Feibion, 1911, t. 122.

51 *Ysgrifau Beirniadol* 1. Gol. J. E. C. Williams. Gee, 1965, tt. 172-3).

52 *Ffrewyll y Methodistiaid* , William Roberts, Gol. A. Cynfael Lake. Gwasg Prifysgol Cymru, 1987.

53 *Anterliwtiau Huw Jones o Langwm*, Gol. A. Cynfael Lake. Barddas, 2000, t. 199.

54 *ibid*. t. 141.

55 *Cân di bennill...?* Rhiannon Ifans. Aberystwyth, Papurau ymchwil Rhif 11.

56 *Gwaith Twm o'r Nant*, I. Foulkes. Liverpool, 1874.

57 *Cân di bennill..?* Rhiannon Ifans. Aberystwyth, Papurau ymchwil Rhif 11.

58 *Rhys Lewis,* Daniel Owen. Hughes a'i Fab, 1948, t. 45.

59 *Hanes y Ddrama yng Nghymru 1850-1943*. O. Llew Owain. Y Brython, 1948, t. 34.

60 *ibid*. t. 37.

61 *Y Ddrama yng Nghymru,* Elsbeth Evans. Y Brython, 1947, t. 15.

62 *Hanes y Ddrama yng Nghymru 1950-1943*, O. Llew Owain. Y Brython, 1948, t. 33.

Pregeth, ymddiddan ac egin-ddrama

63 *ibid*. t. 26.

64 *ibid*. t. 27.

65 *ibid*. t. 32.

66 *ibid*. t. 45.

67 *Y Ddrama yng Nghymru,* Elsbeth Evans. Y Brython, 1947, t. 35.

Llais, lliw a llun

68 *Hanes y Ddrama yng Nghymru 1850–1943*. O. Llew Owain. Y Brython, 1948, t. 44.

69 *ibid*. t. 216.

70 *ibid*. tt. 80–1.

71 *Hanes y Ddrama Gymreig,* T. J. Williams, Bangor, 1915, t. 6.

72 *Y Ddrama yng Nghymru,* Elsbeth Evans. Y Brython, 1947, t. 31.

Y Ddrama Gymdeithasol

73 The Educational Publishing Co. Ltd. Cardiff, 1913.

74 *Wythnos yn Hanes y Ddrama yng Nghymru*, H. Teifi Edwards. CThC, 1984, t. 13.

75 *Y Ddrama yng Nghymru,* Elsbeth Evans. Y Brython,1947, t. 45.

76 Heinemann, 1960.

77 Welsh Outlook Press, 1914.

78 *Saunders Lewis*, Gol. D. Tecwyn Lloyd, G. Rees Hughes. Christopher Davies, Llandybïe, t. 183y.

79 *John Saunders Lewis,* Cyf.1. D. Tecwyn Lloyd. Gee, 1988, t. 105.
80 *Wythnos yn Hanes y Ddrama yng Nghymru*, H. Teifi Edwards. Cwmni Theatr Cymru, 1984, t. 14.
81 *ibid*. t.15.
82 *ibid*. t.25.
83 *ibid*. t.25.
84 *R. G. Berry,* Huw Ethall. Tŷ John Penry, 1985, t. 214.

Meddwl a chalon
85 *Theories of the Theatre,* M. Carlson. Cornell UP, 1993, tt. 392-3.
86 *ibid*. t. 382.
87 *The Transactions of the Hon. Soc. of Cymmrodorion. Session 1965 Part 11.* 'Ann Griffiths', J. S. Lewis, t. 256.
88 *Ffydd a Gwreiddiau John Saunders Lewis*, Gol. D. Ben Rees. 'Cip ar Saunders Lewis yn ei Theatr', Bruce Griffiths. Cyhoeddiadau Modern Cymreig, 2002, t. 71.
89 Y Dryw, 1967.
90 Y Dryw, 1955.
91 Y Dryw, 1960.
92 Aberystwyth, 1940.
93 *Three Uses of the Knife: On the nature and purpose of drama*, David Mamet. Vintage Books, 2000, tt. 26-7.
94 Y Dryw, 1956.
95 *Y Traethodydd,* Ionawr 1994, 'Saunders Lewis a Methodistiaeth Galfinaidd', Meredydd Evans, t. 16.
96 Dwyfor, 1994.
97 Dwyfor, 1994.
98 *Theatr Saunders Lewis,* Emyr Humphreys. Cwmni Theatr Cymru, 1979, tt. 10, 26.
99 *ibid*. t. 11.
100 GPC, 1970.
101 *Ffydd a Gwreiddiau John Saunders Lewis*, Gol. D. Ben Rees. 'Cip ar Saunders Lewis yn ei Theatr', Bruce Griffiths. CMC, 2002, t. 77.
102 *Barn*, 1965, t. 274.
103 *Taliesin*, 1975, t. 8.
104 Dwyfor, 1989.
105 *Y Celfyddydau yng Nghymru*, Gol. Meic Stephens. Elan Closs Stephens, Cyngor Celfyddydau Cymru, 1979, t. 293.
106 Gee, 1957.
107 Y Glêr, 1963.
108 Y Brython, 1964.
109 Gee, 1961.
110 Gee, 1967.
111 J. D. Lewis a'i Feibion, 1958.

112 Gee, 1963.
113 Gee, 1961.
114 *'Gymerwch Chi Sigaret?* Rhagair J. Saunders Lewis. Llyfrau'r Dryw, 1956.
115 Faber and Faber, 1961.
116 Cyfieithiad R. T. Jones, Gwasg Prifysgol Cymru, 1979.

Gwacter Ystyr
117 Cyfieithiad T. James Jones. Gomer, 1968.
118 *The Theatre of the Absurd*, Martin Esslin. Anchor Books NY, 1961.
119 *The Bald Prima Donna,* trans. D. Watson. Samuel French, 1958.
120 Y Dryw, 1966.
121 Y Dryw, 1969.
122 Christopher Davies, 1975.
123 Gomer, 1979.
124 Gomer, 1992.
125 *Dramâu Gwenlyn Parry,* Dewi Z. Phillips. Pantycelyn, 1995, t. 13.
126 Gomer, 1982.
127 *Taliesin,* Eisteddfod 2002, 'Llwgu a Llais y Ferch', Gwenan Mared, t. 15.
128 Teipysgrif gan yr awdur.
129 *Religion after the West.* Sea of Faith Magazine, March 2006.
130 Teipysgrif gan yr awdur.
131 *Disgwyl B`ys yn Stafell Mam*, A. Jones Williams, Gol. Nic Ros. Bwthyn, 2006, tt. 11–12.
132 Rhaglen perfformiad Theatr Bara Caws, 1999.
133 Gomer, 2008.
134 *Timebends*, Arthur Miller. Methuen, 1987, t. 180.

Y Ddrama brofiad
135 Teipysgrif 1975. Beirniadaeth John Gwilym Jones. Eisteddfod Genedlaethol Dwyfor, 1975.
136 Dalier Sylw, 1993.
137 Sgript Cymru, 2000.
138 *Cofiant y Cymro Olaf*, 1980.
139 Rhaglen perfformiad gan Theatr yr Ymylon, 1979.
140 Dalier Sylw, 1998.
141 Carreg Gwalch, 1995.
142 Dalier Sylw, 1995.
143 Sgript Cymru, 2006.
144 Theatr Genedlaethol Cymru, 2004.
145 Grove Press, NY, 1998.
146 *Blackbird* gan David Harrower. Faber, 2005.
147 Rhaglen perfformiad gan Theatr Bara Caws, 2003.

148 *Dramâu Gwenlyn Parry,* Dewi Z. Phillips. Pantycelyn, 1995, tt. 43–5.
149 *The Real Inspector Hound,* Tom Stoppard. Grove Press, 1968.

Atodiad – Pytiau perthnasol

150 Oberammergau, 1980.
151 Gwasg yr Arweinydd, Pwllheli, 1976.
152 V. Gollancz, 1945.
153 Samuel French, 1970.
154 *Steven Berkoff Plays 3.* Faber and Faber, 2000.
155 Hutchinson, 1965.
156 Methuen Drama, 1983.
157 Oberon Modern Plays, 2007.
158 Y Dryw, 1941.
159 Faber and Faber, 1972.
160 Vision Press Ltd. London, 1980.
161 Methuen, 1972.
162 A Nick Hern Book, 2005.
163 Dramatist Play Service Inc. NY, 2005.
164 Y Brython, 1964.
165 Faber and Faber, 1961.
166 Heinemann, 1960.
167 Penguin, 1946.
168 A Nick Hern Book, 2006.
169 John Calder London, 1988.
170 Oberon Modern Plays, 2006.
171 Methuen, 2002.
172 Faber and Faber, 1990.
173 Oberon Modern Plays, 2006.
174 Penguin, 1964.
175 Canolfan Astudiaethau Addysg Aberystwyth, 1994.
176 Oberon Modern Plays, 2003.
177 Shocken Books NY, 1995.
178 *Sarah Kane Complete Works,* Methuen, 2001.
179 *The Waste Land and Other Poems*, T. S. Eliot. Faber and Faber, 1940.
180 *'Love me or kill me'*, Graham Saunders. Manchester University Press, 2002, t. 14.
181 *Doniau Disglair 2009.* Eisteddfod Genedlaethol Urdd Gobaith Cymru.

LLYFRYDDIAETH

Cyffredinol

Y Llwyfan 1927–9. 8 rhifyn.

Y Theatr Genedlaethol yng Nghymru, Gol. Hazel Walford Davies. Gwasg Prifysgol Cymru, 2007.

World Drama, A. Nicoll. Harrap & Co., 1949.

Changing Stages, Richard Eyre & Nicholas Wright. BBC, 2000.

An Anatomy of Drama, M. Esslin. Abacus, 1976.

The Sense of an Ending, Frank Kermode. OUP, 2000.

The Crafty Art of Playmaking, Alan Ayckbourn. Faber, 2002.

Crefyddol

Creed and Drama, W. Moelwyn Merchant. SPCK, 1965.

Speak What We Feel, K. M. Baxter. SCM, 1964.

Religious Drama, E. Martin Browne. Pitman & Sons, 1934.

Drama and Religion:Themes in Dramas, J. Redmond. London Cambridge UP, 1983.

Religion in Modern English Drama, Gerald Clifford Weales. Greenwood Pub Group, 1981.

Religion and Dramatic Art, S. H. Elliott. SCM, 1927.

Brecht and the Bible: A Study of Religious Nihilism and Human Weakness in ... G. Ronald Murphy. University of Nebraska Carolina Press, 1980.

Yr Oesoedd Canol

Drama and Religion in English Mystery Plays, Eleanor Prosser. Stanford University Press, 1961.

Y Ddrama Gymdeithasol

Y Mudiad Drama yng Nghymru 1880–1940, Ioan Williams. Gwasg Prifysgol Cymru, 2006

Internal Difference, M.Wynn Thomas. Gwasg Prifysgol Cymru, 1992.

Arwr Glew Erwau'r Glo, H. Teifi Edwards. Gomer, 1994.

Cwm Rhondda, Gol. H.Teifi Edwards. Gomer, 1995.

Yr Ugeinfed Ganrif

Tri Dramaydd Cyfoes, J. Ellis Williams. Gee, 1961.

Un Bywyd o blith Nifer, T. Robin Chapman. Gomer, 2006.

John Gwilym Jones: Cyfrol Deyrnged, Gol. Gwyn Thomas. Christopher Davies, 1974.

Y Canol Llonydd, E. Closs Stephens. Cwmni Theatr Cymru, 1988

Now You're Talking: Drama in Conversation, Ed. Hazel Walford Davies Parthian, 2005.

Wil Sam y Dyn Theatr, Gol. Anwen Jones a Myrddin ap Dafydd. Carreg Gwalch, 2010.